BONSAÏ

Arbres miniatures

Érable de Bürger, Acer buergerianum, Forme rupestre-Ishitzuki, Taille 80 cm, âge env. 65 ans.

BONSAÏ

Arbres miniatures

Paul Lesniewicz

HERSCHER

Ce livre a été réalisé avec la participation de Ilona Lesniewicz
et l'aimable concours de Charlane-Fleurs, Paris.

En couverture: Erable de Burger, Acer burgerianum.
Taille: 55 cm., âge: env. 65 ans.

Traduit de l'allemand par Paul Cravatte
Réalisation et composition: Studio C. Rieger, Heidelberg

Imprimé en R. F. A.

ISBN: 2 7335 0064-3
Dépôt légal: 0062-1er trimestre 1984

Au Japon, on connaît la célèbre histoire du samouraï qui, par une glaciale nuit d'hiver de l'année 1383, sacrifia ses trois derniers bonsaï bien-aimés pour réchauffer un visiteur de marque, un shogoun. Sur cette gravure, on peut voir comment les petits arbres vont être abattus à l'aide d'une serpe.

Table des matières

Préface

Les bonsaï sont des œuvres d'art vivantes.
Il ne faut pas les confondre avec d'autres formes artistiques.
S'il s'agit de peintures et de sculptures, l'œuvre d'art
n'est achevée que lorsque le peintre repose son pinceau
et le sculpteur son ciseau. En ce sens, les bonsaï
ne sont jamais achevés, ils sont toujours
nature vivante et continuent de croître.
Admirer la beauté de ces arbres miniatures n'est pas suffisant.
Ils voudraient communiquer à l'admirateur quelque
chose de bien plus important:
les lois du Devenir et de la Croissance
et lui faire prendre conscience que nous sommes tous,
Homme et Nature, tributaires de ces lois.

Pour Paul Lesniewicz, la création d'un bonsaï
répond également à cette conception, c'est pourquoi
je considère son livre comme important et lui
souhaite un plein succès.

John Y. Naka

John Naka, Président de la
California Bonsai Society, et
Directeur du Club International de Bonsai

Érable du Japon, acer palmatum. Forme en radeau-Ikada,
Taille env. 50 cm, âge env. 35 ans.

Qu'est ce qu'un Bonsaï?
Introduction et histoire

Un bonsaï est un arbre ou un arbuste cultivé dans un récipient. Sa taille dépasse rarement 70 cm, et pourtant, l'on a l'impression de se trouver devant un arbre poussant en pleine nature. La traduction exacte de bonsaï est: bon = plateau ou coupe et saï = arbre ou plante, donc arbre planté dans une coupe. Le bonsaï est un petit arbre miniature, cultivé dans une coupe et semblable aux grands que l'on trouve dans la nature. Originaire des pays d'Extrême-Orient, il est l'expression de l'harmonie entre le Ciel et la Terre, entre l'Homme et la Nature. On retrouve le support spirituel de l'Art Bonsaï dans la philosophie orientale. L'art de vivre asiatique recherche une harmonie entre l'Homme et la Nature, et s'identifie au processus de la Croissance et du Devenir.
N'y a t-il pas de meilleur exemple pour cela que l'Art Bonsaï?

Les bonsaï au premier plan de ce parchemin antique représentent un pin, un abricotier et un cerisier du Japon. Ils ont été peints en 1351 par les frères Takaaki et Takamasa Fujiwara.

L'amateur de bonsaï prend le temps d'entretenir et d'admirer ses petits arbres. Il revit en eux le rythme toujours renouvelé des saisons et développe ses facultés créatrices en leur donnant une forme. Détente, repos et équilibre intérieur sont la récompense de l'effort que demande l'entretien d'un bonsaï.
Qui ne serait pas enthousiasmé par les précieux petits arbres cultivés dans des coupes et qui ressemblent en tous points aux arbres naturels, sauf par la taille. La réalisation et l'entretien d'un bonsaï demande un peu d'habileté. Mais si vous avez déjà la main heureuse avec les plantes, vous éprouverez une grande satisfaction à vous occuper de bonsaï.
Ce sont les Chinois qui, les premiers, ont planté de petits arbres dans des coupes. Les bonsaï font, encore de nos jours, partie de la civilisation chinoise, même en dehors de la Chine, dans les communautés chinoises de Formose, de Thaïlande, de Hong-Kong ou de Singapour.
Les maîtres chinois du bonsaï font encore maintenant une distinction entre «pun-saï» et «pun-ching». Beaucoup entendent par «pen-jing» les deux sortes de bonsaï. Le mot «pun-saï» s'écrit comme le mot japonais bonsaï et signifie: arbre sans paysage planté dans un récipient, tandis que «pun-ching» signifie: arbre avec paysage dans un récipient ou sur un plateau. Ces «pun-ching» remontent au début de la dynastie des Han (206 av. J. C. – 221 après J. C.) lorsque des paysagistes chinois se mirent à miniaturiser les jardins artificiels en rocaille déjà très célèbres. D'après une légende, Jiangfeng détenait le pouvoir magique de miniaturiser sur plateaux les paysages de rochers, de montagnes, d'arbres, de rivières, de maisons, d'hommes et d'animaux. À côté des «punching», ces paysages de rochers et d'arbres miniatures, qui sont toujours très en vogue en Chine, il est fait mention pour la première fois des «pun-saï» dans les dynasties des Tsin (221–206 avant J.C.). Ce fut Ton-Guen-Ming (365–427 après J.C.), poète célèbre

et haut fonctionnaire, qui, las des affaires de l'État, se retira à la campagne pour y vivre paisiblement et se mit à y cultiver des chrysanthèmes en pots. Ce fut peut-être là le début de la culture des plantes en pots qui aboutit aux arbres minatures. À peine deux cents ans plus tard, on trouve sur les peintures de l'époque des Tang, des pins, des cyprès, des pruniers et des bambous, plantés... dans des coupes.
Dès avant l'an 1000, au cours de la dynastie des Song, ces pun-saï ne sont pas seulement décrits dans des poèmes, mais dans une importante littérature traitant de leur réalisation.
Pendant la période de paix de la dynastie des Tsing (1644–1911), les pun-ching et les pun-saï deviennent une activité de loisirs, non seulement pour la noblesse mais aussi pour toutes les couches de la société.
Cependant ce ne sont pas les Chinois qui ont présenté l'art bonsaï aux pays occidentaux, mais les Japonais, d'abord, lors de l'Exposition Universelle de Paris en 1878, puis à celle de Londres en 1909.
Il est vraisemblable que des moines boudhistes aient introduit des bonsaï au Japon aux 10ème et 11ème siècles. Ils représentaient pour eux des objets de culte, «des escaliers verdoyants conduisant au ciel», c'est-à-dire un lien entre Dieu et les Hommes.
Pendant la dynastie des Yuan (1280–1368 après J.C.), des ministres et des marchands japonais rapportèrent des bonsaï qu'ils avaient reçus en cadeau au cours de leurs voyages en Chine. Nous connaissons Chu Shun-Sui, fonctionnaire chinois qui, vers 1644, fuit la domination mandchoue et se réfugia au Japon, emportant avec lui l'ensemble de ses œuvres sur les bonsaï. C'est lui qui, grâce à ses connaissances en la matière, a répandu d'une façon décisive l'art bonsaï au Japon. Cette époque marque aussi le début d'une culture bonsaï spécifiquement japonaise, qui fut d'abord l'apanage de la noblesse (les samouraïs). Ce n'est que vers la fin du siècle dernier qu'elle devint un passe-temps plus populaire.

Pun-Ching. Gravure de Sumie Buzen datant de 1808.

Pommier.
Modèle de bonsaï
en pleine nature.

Formes de Bonsaï

Aucun bonsaï ne ressemble à un autre. Cependant, l'art japonais du bonsaï s'est orienté vers quelques formes caractéristiques que l'on retrouve toutes dans la nature. Voici les principales formes à connaître:

Aubépine, crataegus carrieri. Forme retombante – Kengaï. Taille env. 85 cm, âge env. 45 ans.

Arbres en solitaire

Chokkan – forme rigoureusement verticale.
Les branches poussent en forme pyramidale et régulière sur un solide tronc vertical, dans toutes les directions, sauf vers l'avant.

Moyôgi – forme presque verticale.
Le tronc monte en une spirale décroissante jusqu'à la cime.

Shakan – tronc incliné.
Semblable à la forme battue par les vents (cf. p. 20) avec, en plus, des branches dans toutes les directions. Les racines sont particulièrement visibles dans le sens de l'inclinaison.

Han-Kengaï – forme en semi-cascade.
Ne pend pas d'un rocher comme la forme en cascade, mais déborde à l'horizontale d'une falaise.

Kengaï – forme en cascade ou retombante.
Le tronc et les branches retombent recourbés par dessus le bord d'une coupe généralement profonde.

Pin blanc du Japon, pinus parviflora. En semi-cascade – Han-Kengaï. Largeur env. 70 cm, âge env. 85 ans.

Mélèze du Japon, larix leptolepsis. Tronc incliné-Shakan. Taille env. 60 cm, âge env. 50 ans.

Pin blanc du Japon, pinus parviflora. Forme presque verticale – Moyôgi. Taille env. 70 cm, âge env. 75 ans.

Pin noir de Thunberg, pinus thunbergi. Forme rigoureusement verticale – Chokkan. Taille env. 70 cm, âge env. 80 ans.

Arbres à tronc multiple et groupes d'arbres
Les Japonais n'aiment pas les nombres pairs. Ils n'emploient que le nombre 2 et évitent particulièrement le 4 et le 6, ignorant par là cette symétrie si importante pour les Européens. Cette conception a une grande influence sur la forme des bonsaï.

Érable rouge du Japon, acer palmatum atropurpureum.
Forme en radeau – Ikada. Taille env. 66 cm, âge env. 45 ans.

Sokan – tronc double.
Deux troncs de grosseur différente à partir de la même racine (père et fils).

Sankan – tronc triple.
Trois troncs de grosseur différente à partir d'une racine (père, mère, fils).

Kabudachi – tronc multiple.
Dénomination de tous les bonsaï dont plusieurs troncs sont issus d'une seule racine.

Ikada – forme en radeau.
Tronc enfoui horizontalement dans la terre, donnant naissance à des branches à l'aspect de troncs indépendants.

Netsuranari – forme rampante.
Plusieurs troncs issus d'une racine horizontale donnant l'impression d'un groupe d'arbres.

Yose-ue – forme forestière.
Plusieurs petits arbres d'âges très différents plantés dans une coupe plate donnant l'impression d'une forêt ou d'un bosquet.

Hêtre à feuilles crénelées, fagus crenata. Tronc triple – Sankan. Taille env. 85 cm, âge env. 65 ans.

Formes d'arbres pouvant être plantés en solitaire ou en groupes

Hokidachi – forme en balai.
Les branches forment un éventail sur un tronc vertical (comme un balai de ramilles).

Fukinagashi – forme battue par les vents.
Les branches et les rameaux poussent sur un tronc oblique dans une seule direction comme s'ils étaient fouettés par les vents.

Bunjingi – forme dite du «lettré».
Le ou les troncs poussent verticalement légèrement penchés et sans branches, sauf à la cime. C'est une forme élégante.

Ishitzuki – forme rupestre.
Arbre qui a poussé au-dessus ou sur une pierre et dont les racines enserrent celle-ci, et plongent dans la terre.

Jasmin d'hiver, jasminum nudiflorum. Forme rupestre – Ishitzuki. Taille env. 27 cm, âge env. 35 ans.

Orme du Japon, zelkova serrata. Forme en balai – Hokidachi. Taille env. 80 cm, âge env. 75 ans.

Pin blanc du Japon, pinus parviflora. Forme du lettré – Bunjingi. Taille env. 80 cm, âge env. 65 ans.

Ce pin blanc du Japon, pinus parviflora, réunit deux formes de bonsaï: la forme battue par les vents et celle du tronc multiple – Fukinagashi et Kabudachi. Taille env. 72 cm, âge env. 85 ans.

Cryptoméria du Japon, *cryptomeria japonica*. Troncs jumeaux – Sokan.
Taille env. 65 cm, âge env. 35 ans.

Ormes du Japon, zelkova serrata. Forme forestière – Yose-ue.
Taille env. 60 cm, âge 5 à 25 ans.

Genévrier rigide, juniperus rigida. Forme forestière.
Taille env. 90 cm, âge 12 à 30 ans.

Forêts de Bonsaï

Dans une forêt de bonsaï, chaque arbre est disposé l'un par rapport à l'autre de telle façon que l'ensemble donne l'aspect d'un bosquet.

Toutes les formes forestières que l'on trouve dans la nature peuvent servir de modèle aux forêts de bonsaï. Ainsi, il existe des forêts de sapins, denses et sombres, des forêts de feuillus, aérées et gaies, des forêts maritimes, battues par les vents, des petites forêts sur les hauts plateaux, et bien d'autres encore.

Il faut définir différentes perspectives: quelques forêts de bonsaï font l'effet d'être très proches comme sur un gros plan, d'autres donnent une impression de profondeur, d'autres encore, les forêts maritimes par exemple, sont étroites et allongées. L'âge, la forme et l'état des arbres sont autant d'éléments distinctifs.

Il existe autant de possibilités de créer des formes qu'en offre la nature. On ne peut réussir une forêt de bonsaï que si l'on s'imprègne de l'ambiance propre à chaque forêt. Et l'on arrive à recréer cette atmosphère en respectant quelques règles lors de sa réalisation. Les forêts de bonsaï sont idéales pour les débutants qui se sont déjà familiarisés aux formes des arbres et des forêts, dans la nature même. On y prend plaisir dès le début car une petite forêt est vite plantée et réalisée. Il ne vous faudra pas des années pour parfaire votre travail, et votre création pourra être corrigée à tout moment en cours de route, en enlevant, en changeant, ou en déplaçant un arbre isolé à l'intérieur du groupe. Comme de jeunes plants de 2 à 8 ans suffisent, le matériel initial est très économique.

Vous pouvez le trouver vous-même dans les forêts. Comme pour les bonsaï en solitaire, choisissez des plants à petites feuilles et des espèces qui supportent une taille importante des racines. Celle-ci est souvent nécessaire car les groupes sont plantés dans des coupes très plates.

Veillez à ce que vos petits plants proviennent autant que possible de la même plante-mère; ainsi, grâce à leur hérédité commune, elles auront des feuilles de même couleur et de même taille et une croissance identique, ce qui rendra votre groupe d'arbres plus homogène et plus harmonieux.

Il est plus simple de se procurer le matériel bonsaï dans une pépinière. Vous y trouverez un grand choix de plants.

Les forêts mixtes ont sans doute leur charme, mais à la longue, l'entretien posera des problèmes, car la croissance et les conditions de vie de chaque arbre sont très variables et peuvent se contrarier.

C'est pourquoi, il vaut mieux choisir une seule espèce pour une forêt de bonsaï. Les espèces suivantes se prêtent très bien à ce genre de plantations: les variétés d'érables, les bambous, les hêtres, les épicéas, les charmes, les genévriers rigides, les mélèzes, les cryptomérias du Japon, les stevartias, les ormes et les cyprès.

La meilleure période pour planter se situe au début du printemps, avant l'éclosion des bourgeons, car c'est encore à ce moment-là que les arbres supportent le mieux une taille énergique des racines. Mais vous pouvez aussi planter votre petite forêt en début d'automne, lorsque les racines n'ont besoin que d'une taille modérée.

Le mélange de terres pour votre forêt de bonsaï est le même que celui qui a réussi au bonsaï solitaire de la même espèce.

Plants de hêtres de 2 à 5 ans, prêts pour une plantation en groupe. Le mélange, moitié argile-moitié tourbe, est réparti en boules. Les racines ont été raccourcies des 2/3.

Pour faciliter la mise en place, les racines sont enrobées du mélange argile-tourbe. Ces boules facilitent le positionnement souhaité des plants.

Après avoir complété avec de la terre à bonsaï, recouvrir de mousse.

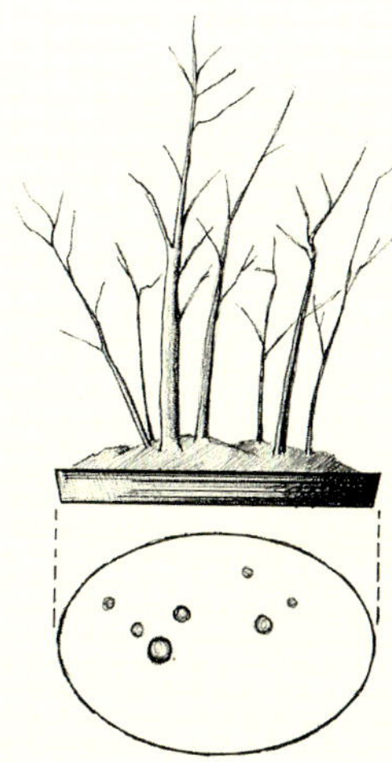

Croquis de la plantation d'une petite forêt de hêtres.

Avant de commencer la plantation, faites un croquis sur lequel vous fixerez la position de chacun des arbres. Pour confectionner un bosquet d'aspect naturel, suivez les règles ci-après.

Pour un petit bosquet, choisissez un nombre impair d'arbres. Cela permet d'éviter une symétrie que l'on rencontre souvent avec des groupes de 4, 6, et 8 arbres et qui n'offre pas un aspect naturel.

Pour une forêt de bonsaï, chaque arbre devrait être placé, comme sur une photo de famille du début du siècle: l'arbre le plus important, le père, dominant au premier plan par sa hauteur et la grosseur de son tronc; au deuxième plan et alignée sur lui, la mère, puis les sujets moins importants, les enfants, placés autour d'eux. Ainsi, le bosquet est divisé en sous-groupes qui confèrent à votre petite forêt un aspect naturel et de la profondeur. Plantez les arbres les plus grands devant et les plus petits derrière et disposez-les de telle façon que les branches longues soient tournées vers l'extérieur. Aucun arbre ne doit en cacher un autre. Lors de la réalisation d'un bosquet, l'espace libre compte autant que les arbres eux-mêmes, car il transforme la petite forêt en paysage.

Avant de planter, préparez les coupes à bonsaï de la façon habituelle: posez de petits filets de plastique sur les trous d'évacuation, ajoutez ensuite une couche très mince de graviers pour le drainage, car les pots sont très plats, et complétez par une couche également mince de terre à bonsaï.

Plantez d'abord les arbres principaux, les autres ensuite.

En cas de difficultés lors de la fixation des arbres, employez ces deux méthodes:

1. Passez un fil métallique par les trous d'évacuation et attachez les arbres principaux au fond de la coupe. Une fois ceux-ci fixés vous pouvez y attacher les autres arbres. N'oubliez pas de retirer le fil au bout de 6 mois environ.
2. Donnez à chaque motte de racines la forme d'une boule avec un mélange humide tourbe-argile, ce qui donnera poids et assise aux petits arbres et facilitera leur mise en place.

Après avoir rempli les vides avec de la terre à bonsaï, tassez-la, en particulier sur le pourtour du vase, posez des morceaux de mousse, arrosez bien les arbres et mettez-les à l'abri. Au bout de 4 à 6 semaines, vous pourrez habituer progressivement au soleil votre forêt de bonsaï. Fumez-la légèrement.

15 zelkovas, de 5 à 20 ans, prêts à être plantés, après la taille des racines. Coupe adéquate avec terre et outils.

Les 3 arbres principaux sont d'abord placés sur une mince couche drainante, puis attachés avec des fils métalliques que l'on aura auparavant fait passer par les trous d'évacuation.

Tous les autres arbres sont ensuite disposés afin de donner le maximum de profondeur au bosquet. Ce faisant, veiller à ce que les deux groupes d'arbres aient la forme d'un petit triangle et à ce que l'ensemble constitue un grand triangle.

Après avoir rempli de terre à bonsaï, garnir de mousse.

Arroser ensuite copieusement le bosquet et le placer à l'abri.

Ormes du Japon, zelkova serrata. Forme forestière – Yose-ue.
Taille env. 60 cm, âge env. 25 ans.

Faux cyprès à branches courtes, chamaecyparis obtusa. Forme forestière – Yose-ue.
Taille env. 58 cm, âge de 12 à 18 ans.

Petite forêt de bambous, haute de 53 cm, au charme extrême-oriental.

La même petite forêt vue de près.

Genévrier rigide, juniperus rigida. Forme forestière – Yose-ue.
Taille env. 90 cm, âge de 12 à 30 ans.

Ormes du Japon, zelkova serrata. Forme forestière – Yose-ue.
Taille env. 80 cm, âge de 12 à 30 ans.

Formes rupestres

Il existe deux formes de base pour les bonsaï rupestres: les bonsaï qui s'enracinent sur la pierre sans contact avec la terre, et les bonsaï dont les racines descendent le long de la pierre et plongent dans la terre. Vous obtiendrez de bonnes plantations rupestres si les plantes, les pierres et les coupes forment une unité et présentent un aspect naturel; et si, également avant la mise en forme, comme pour les forêts de bonsaï et les saïkei (cf. p. 46), vous réfléchissez, à l'aide d'un croquis, à la façon la plus harmonieuse de les disposer. Cela dépend du détail des paysages de rochers que vous voulez imiter et de la perspective que vous avez choisie. Souhaitez-vous admirer votre paysage de près ou de loin? Ce sont des questions qui déterminent la composition de ces deux éléments de base. Les pierres deviennent de grandes montagnes de rochers lorsque les arbres que l'on a plantés dessus sont plus petits, et elles se réduisent à des cailloux lorsque les arbres les dominent de toute leur hauteur. Dans le premier cas, nous avons affaire à des arbres qui prennent racines sur la pierre; dans le second cas, à des arbres dont les racines sont en contact avec la terre de la coupe.

Mais il existe aussi de nombreuses variantes à ces formes de base: les racines d'un bonsaï rupestre peuvent, par exemple, se nourrir en partie, de la terre d'une crevasse, et en partie, de la terre de la coupe; les arbres peuvent aussi avoir été préformés avant leur implantation sur la pierre, ou même avoir été ligaturés avec du fil métallique.

Au cours de cette réalisation, vous pouvez donner libre cours à votre imagination. Cependant, les pierres et les arbres, disposés les uns par rapport aux autres, ne devraient pas être de même grandeur, car alors, votre plantation perdrait son caractère naturel et vivant.

Les bonsaï rupestres sont implantés le plus souvent dans des coupes plates aux couleurs neutres.

Création d'une forme rupestre

Pour les formes rupestres dont un ou plusieurs arbres s'enracinent sur la pierre et sur le côté, sans contact avec la terre du pot, il est recommandé de procéder de la manière suivante.

Choisissez d'abord les plants et les pierres. Utilisez plutôt de petits arbres déjà formés: jeunes ou vieux ou des bonsaï miniatures. On trouve de belles pierres partout: des pierres à l'aspect vivant grâce à leur forme intéressante ou leur couleur soutenue, bien plus expressive qu'une teinte blanchâtre ou grisâtre.

La pierre est préparée. Les outils nécessaires à la création d'une forme rupestre sont prêts. Pour trouver le meilleur emplacement, on fixe d'abord les plants à l'essai sur la pierre.

Du haut en bas de la pierre, les petits arbres sont placés dans les cavités garnies du mélange argile-tourbe.

Après les avoir tous fixés, les recouvrir de la plus grande quantité possible de ce mélange.

Poser et agrafer maintenant des morceaux de mousse humide.

Installer la plantation rupestre dans une coupe plate avec de l'eau symbolisant un lac d'où émerge le rocher. Mais vous pouvez aussi remplir la coupe de sable blanc.

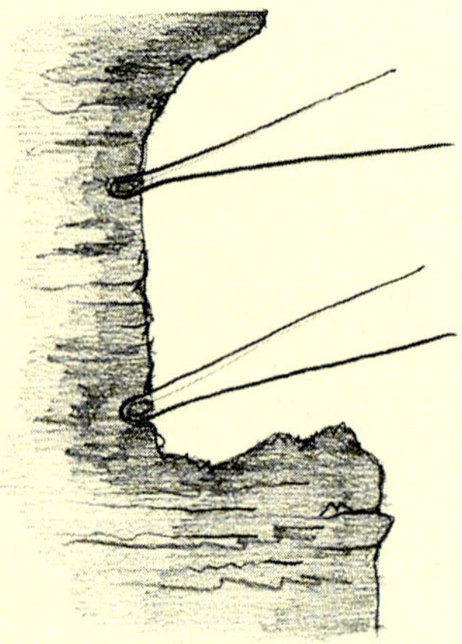

Ancrer les fils métalliques avec de petits plombs placés dans les trous du haut et du bas, au bord des cavités destinées aux plants.

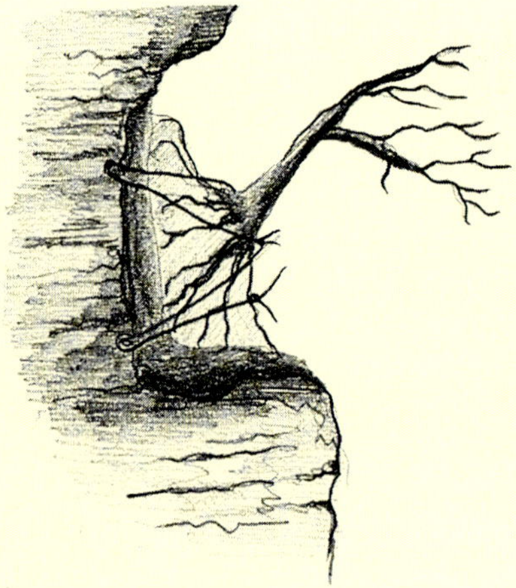

Avant de les planter, enduire les cavités du mélange argile-tourbe et attacher les plants avec les fils.

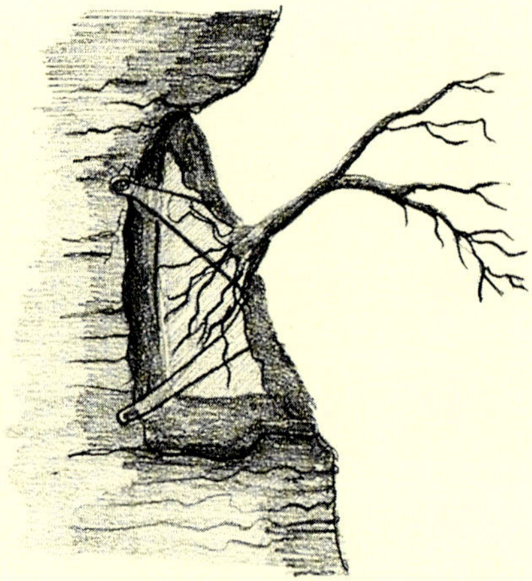

Recouvrir avec le même mélange et garnir de morceaux de mousse.

Observez votre nouveau sujet de tous les côtés. Que pourrait-il suggérer dans votre paysage rupestre. Une montagne, une île rocheuse dans la mer ou une falaise abrupte?

Ce sont des modèles pris dans la nature, particulièrement appréciés, que vous retrouvez le plus souvent chez les amateurs de bonsaï, même sous forme de saïkei. La pierre devra présenter également une surface rugueuse avec des crevasses et des petites cavités dans lesquelles les plants pourront être fixés lorsque vous aurez déterminé l'avant et l'arrière, le dessus et le dessous de la surface d'implantation. Celle-ci peut être améliorée avec du ciment rapide, ou bien en façonnant prudemment sa base avec une meuleuse. Ensuite, si nécessaire, approfondissez les cavités avec un ciseau à pierre, afin que les petits arbres disposent de plus de place pour leur terre et leurs racines.

Préparez maintenant les arbres et les sous-plantations choisies, le mélange humide tourbe-argile en parts égales, qui adhèrera mieux à la pierre, et de la mousse fraîche. Ayez aussi du fil de cuivre ou d'aluminium, de la colle spéciale ou des plombs (de pêche ou d'imprimerie), un marteau, un burin, des agrafes en forme d'épingle à cheveux faites avec le fil, et éventuellement une perceuse avec une mèche de 6 mm de diamètre.

Il existe deux façons de fixer à la pierre les fils qui serviront plus tard à arrimer les petits arbres.

Vous pouvez percer des trous de chaque côté des cavités, y introduire par leur milieu les fils courbés en U et sceller avec un plomb en l'aplatissant au burin et au marteau. Il est cependant plus facile de faire de petites boucles avec le fil, de les coller à la pierre, et de faire ensuite passer le fil par ces boucles.

Avant ce travail, vérifiez encore la disposition des arbres sur la pierre en les maintenant aux endroits prévus (encore un conseil pour les plantations d'essences différentes: là aussi, il faut respecter la nature et planter les conifères dans les parties élevées, les fougères et les herbes, plus bas). Ensuite, humectez-la pierre avec de l'eau et recouvrez les cavités d'un à deux cm du mélange tourbe-argile. Vous pouvez alors placer les arbres. Retirez une bonne partie de la terre des racines, soit en grattant avec une baguette, soit en rinçant. Mais la motte de racines peut conserver autant de terre que la cavité peut en contenir.

Les arbres sont attachés avec les fils; les racines qui dépassent et ne peuvent tenir dans la cavité ne doivent pas, en principe, être taillées mais réparties sur la pierre. Enduisez ensuite le plus généreusement possible toute la motte avec le mélange tourbe-argile. Placez alors les sous-plantations en les attachant avec des fils et en les faisant adhérer avec ce mélange de terre humide: recouvrez enfin partout de mousse humide et attachez avec les agrafes que vous avez préparées.

La pierre ainsi garnie est alors placée dans une coupe plate et ovale contenant de l'eau ou du sable blanc et mise dans un endroit abrité du vent et de la lumière vive. Les plantations rupestres ayant tendance à se dessécher, vaporisez-les souvent. Évitez, lorsqu'il s'agit de plantations nouvelles, de lessiver la terre par un excès d'arrosage. Au bout de 8 semaines environ, vous pouvez faire le premier apport d'engrais. Ce genre de bonsaï rupestre ne se transplante pas et ses racines ne se taillent pas. Cependant, la terre qui a été entraînée, doit être renouvelée de temps à autre. Ces plantations doivent être protégées du gel, pour éviter que les racines ne se détachent de la pierre.

Plantation d'un Bonsaï sur rocher

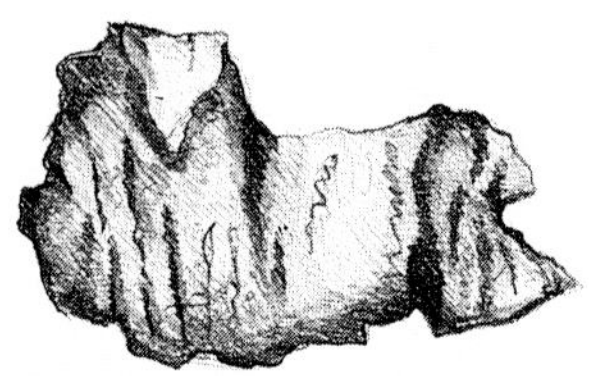

Rocher pour bonsaï dont les racines descendront le long de la paroi pour plonger dans la terre de la coupe.

Avant d'installer le plant, le rocher peut être recouvert d'une mince couche d'argile et de tourbe.

En installant le plant, répartir décorativement les racines sur le rocher.

Toutes les racines étalées sur le rocher seront recouvertes de sphaigne ou de tourbe et entourées de gaze. Le bonsaï rupestre est alors posé dans une coupe.

Si vous désirez faire pousser un bonsaï sur la pierre, il vous faudra un arbre avec de très longues racines. Vous pourrez choisir chez un pépiniériste un plant bien fourni en racines, déjà planté dans un récipient profond, et le transformer en bonsaï avant ou après l'avoir placé sur la pierre. Les plants recueillis en montagne s'y prêtent parfaitement parce qu'eux aussi ont souvent dû former de longues racines.

Si vous désirez obtenir un bonsaï rupestre, la méthode suivante vous permettra d'activer la croissance en longueur des racines: retirez, par exemple, un bel acer palmatum de sa coupe et placez-le dans un seau en plastique, profond et étroit, ayant à peu près la hauteur de la coupe choisie. Remplissez-le de terre plus légère que la terre à bonsaï, de préférence un mélange de tourbe et de sable. (N'oubliez pas de percer des trous d'évacuation dans le fond du pot). Les racines peuvent alors s'allonger librement. Ensuite, tous les 3 à 4 mois, on découpe dans le seau en plastique une bande d'environ 5 cm et l'on retire la terre de la partie des racines ainsi dégagées, jusqu'à un niveau légèrement inférieur à celui de l'arrosage. De cette façon, les racines restant enterrées vont accélérer leur croissance pour compenser les racines mises au jour. Puis au cours de l'année ou des deux années qui viennent, rognez de plus en plus le seau et dégagez les racines en laissant 5 à 8 cm de terre. Le bonsaï est prêt à être planté sur sa pierre. Vous pouvez le planter au printemps et aussi en automne, mais à condition qu'il passe l'hiver à l'abri du gel.

Avant de poser un petit arbre sur une pierre, retirez d'abord toute la terre des racines, soit en grattant doucement avec une baguette, soit en la trempant plusieurs fois dans l'eau, afin d'assurer ultérieurement une meilleure répartition des racines sur la pierre. Certaines racines sont trop grosses et gênantes mais non indispensables à l'arbre, aussi peuvent-elles être supprimées, sans toutefois toucher aux autres. Ensuite, pour éviter que le système radiculaire ne se dessèche, trempez-le un instant dans une boue d'argile, ce qui lui assurera une mince couche protectrice. Posez alors le petit arbre sur la pierre en le maintenant si nécessaire avec du raphia. Répartissez les racines harmonieusement, les plus belles, de préférence vers l'avant, leurs extrémités pénétrant dans la terre.

Toutes ces racines situées sur la pierre seront recouvertes d'une tourbe grossière et humide ou de sphagnum ce qui renforcera leur protection contre le dessèchement, l'ensemble étant maintenu à la pierre par un bandage de gaze.

Après cette opération, votre bonsaï est affaibli et nécessite les mêmes soins particuliers qu'un arbre fraîchement rempoté. Ces soins ont déjà été précisés pour les autres formes rupestres. Le bandage doit toujours être maintenu légèrement humide et retiré au bout de 4 à 6 mois, en même temps que la tourbe et la mousse, lorsque l'arbre a formé de nouvelles racines dans sa coupe. Le bonsaï et la pierre forment une unité et seront rempotés ensemble au bout de 2 à 3 ans.

Voici comment accélérer l'allongement des racines et les préparer à leur future forme rupestre.

Spirée, Spiraea nitida. Bonsaï rupestre.
Taille 20 cm, âge env. 8 ans.

Genévrier de Chine, juniperus chinensis.
Plantation rupestre chinoise.
Taille 65 cm, âge env. 25 ans.

Genévrier doré de Chine, juniperus chinensis plumosa aurea.
Plantation rupestre japonaise.
Taille 60 cm, âge env. 25 ans.

Érable de Bürger, acer buergerianum. Bonsaï rupestre d'une beauté remarquable. Taille 40 cm, âge env. 45 ans.

Ce gros plan montre comment les racines redescendent le long de la pierre pour plonger dans la terre.

Saïkei – paysages miniatures

Les saïkei sont de petits paysages implantés dans des coupes plates, réprésentant un coin de vraie nature, comme un cours d'eau, une cascade de montagne, une pinède en bord de mer, un terrain sauvage ou un petit bois de feuillus avec chemin et ruisseau.
Ils ont une longue histoire que l'on peut rattacher aux paysages miniatures d'autrefois reproduits sur parchemin aux 13ème et 14ème siècles. Il y a peut-être là un lien avec les paysages chinois. L'art de créer des saïkei n'a été redécouvert que récemment et approfondi par Toshio Kawamoto, maître japonais dans l'art du bonsaï. Il a fondé une école de saïkei et rendu ces paysages miniatures très populaires au Japon. Ils sont également de plus en plus connus en Allemagne et très appréciés des amateurs de bonsaï. On regroupe souvent des essences d'arbres différents par la taille et l'aspect, mais comme pour les forêts de bonsaï, le choix se porte la plupart du temps sur une seule espèce, ce qui rend l'exemple plus naturel.
La création de saïkei diffère de celle des bosquets de bonsaï: surtout parce que l'on emploie non seulement des arbres mais aussi des pierres et des terres différentes, parfois de petites maisons, des ponts, des animaux et des figurines.
Les bonnes plantations de saïkei se distinguent par l'harmonie de ces trois éléments de base que sont les arbres, les pierres et la terre.
À la différence des bonkaï qui sont des paysages miniatures constitués de matériel artificiel: pâte à modeler, sable coloré, et dépourvus de plantes vivantes, les saïkei, quant à eux, ont beaucoup de points communs avec les bonsaï. Les techniques de culture, de mise en forme et d'entretien pour les petits arbres des paysages de saïkei sont les mêmes que pour les bonsaï. Utilisez donc de jeunes plants de 2 à 3 ans, «bonsaï du 1er âge» que vous pourrez réemployer plus tard comme bonsaï solitaire, lorsqu'ils seront devenus trop grands pour les paysages miniatures. Vous pouvez aussi utiliser des plants et des bonsaï miniatures moins réussis. Vous connaissez déjà les formes d'arbres, car ce sont les mêmes que celles des bonsaï: les formes rigoureusement verticales, les cascades, les formes en radeau, les formes rupestres, etc.
Les pierres ont une grande importance lors de la réalisation des saïkei. Bien sûr, toutes les sortes de pierres peuvent convenir, mais leur forme est absolument déterminante pour le caractère du paysage miniature. Toshio Kawamoto distingue entre la pierre de montagne, d'île, de presqu'île, de rivière, de colline, de plage déserte, et entre bien d'autres encore. Les pierres de saïkei ne doivent pas être absolument parfaites, car tout ce qui ne l'est pas peut être par la suite recouvert de terre. Seuls comptent la nature de la pierre, la forme et l'aspect de sa surface ainsi que l'harmonie entre les pierres et les arbres. Les récipients pour plantations de saïkei sont des coupes grandes et plates aux couleurs neutres.
Vous pouvez employer les mêmes coupes pour vos paysages miniatures que pour les forêts de bonsaï et les plantations rupestres. Leurs fonds sont déjà percés de trous de drainage. Certains préfèrent les récipients en bois qu'il faut cependant traiter auparavant avec des produits conservateurs contre l'humidité et la pourriture, mais non nuisibles aux plantes. Il existe aussi des coupes à saïkei compartimentées, qui permettent de représenter des paysages maritimes. Dès que vous avez la coupe, les arbres, les pierres, la terre, la mousse ou d'autres sous-plantations adéquates, et si besoin est, du sable et du gravier mélangés, vous pouvez commencer le travail.
Recouvrez d'abord les trous d'évacuation du fond de la coupe d'un grillage de plastique ou métallique, puis épandez une fine couche de terre tout au fond, et placez-y les petits arbres avec leur motte de racines. Ils tiendront bien mieux, si, avant de les placer, vous avez enrobé chaque motte d'un mélange mouillé

tourbe-argile, cf. photo p. 25. Placez alors les pierres dans la coupe. Vérifiez bien qu'elles occupent exactement la place que vous aviez prévue dans votre paysage.

Le principe de base à respecter est le suivant: s'ils doivent se trouver côte à côte, placez le centre de l'arbre et de sa pierre sur la ligne médiane du récipient. Mais vous obtiendrez parfois plus de profondeur en décalant légèrement la pierre vers l'arrière. Il faut toujours disposer les pierres de façon à ce qu'elles soient en harmonie avec l'orientation des arbres.

Votre paysage miniature sera un vrai morceau de nature lorsque vous aurez équilibré la taille de l'arbre et de la pierre. Si, par exemple, une pierre représente un rocher dans le paysage, elle sera alors plus grande que les arbres.

Lorsque les arbres et les pierres ont trouvé leur place dans le paysage, garnissez les vides avec de la terre à bonsaï: faites d'abord de petits tas de terre autour de l'arbre et des pierres, puis versez le reste. La couche de terre ne doit pas être épaisse, elle constitue un élément important de votre composition car elle anime votre paysage miniature de ses petites irrégularités, formant ainsi collines et vallons. Enfin, arrosez bien et recouvrez de morceaux de mousse ou autres sous-plantations appropriées. Veillez, là aussi, aux rapports de grandeur: les herbes doivent avoir une taille compatible avec celle des petits arbres.

Maintenant, placez les nouvelles plantations dans un endroit à l'abri du vent et mi-ombragé, vaporisez la plante une fois par jour en plus de l'arrosage, comme pour les plantations de bonsaï rupestres. Pendant l'hiver, les saïkei ont besoin d'un endroit à l'abri du gel entre 0°C et 7°C.

Saïkei. Hauteur 35 cm, largeur 30 cm, âge env. 12 ans. Gorge constituée de pierres et de cryptomérias du Japon.

Saïkei. Hauteur 25 cm, largeur 45 cm, âge 8 à 15 ans. Groupes de cryptomérias du Japon en alpage.

Saïkei. Hauteur 28 cm, largeur 35 cm, âge 15 ans. Cryptomérias du Japon, gorge forestière en automne.

Saïkei. Hauteur 35 cm, largeur 40 cm, âge de 12 à 15 ans. Cryptomérias, genévrier rigide, petit paysage rupestre.

Saïkei. Hauteur 23 cm, largeur 32 cm, âge de 12 à 15 ans. Cryptomérias du Japon. Paysage côtier en automne.

Bonsaï miniatures

Les bonsaï miniatures sont si petits qu'ils peuvent tenir dans la main. Leur taille ne doit pas dépasser 8 à 15 cm et l'on applique, à peu de choses près, les mêmes règles de culture et de mise en forme que pour les grands bonsaï. Les bonsaï miniatures peuvent être, soit obtenus à partir de sauvageons, de boutures, de semis, ou de rejets, soit achetés dans le commerce spécialisé. Pour élever un bonsaï miniature, il ne vous faudra pas moins de 3 à 5 ans pour former un petit arbre digne de ce nom. Il est possible de partir de plants de 3 à 5 cm que l'on trouve toujours dans les forêts et dans les parcs au pied des grands arbres. Certains de ces rejets minuscules présentent déjà des formes intéressantes. Car, bien sûr, ces bonsaï doivent être des versions miniatures des originaux et non pas des nains aux formes grotesques.

Vous donnerez une forme en balai à un zelkova, une forme élancée à un cryptoméria du Japon, et à un pin, la forme tout à fait caractéristique des solitaires. C'est au printemps que vous aurez intérêt à rechercher les plants appropriés. Déterrez prudemment les petits arbres sans blesser les radicelles, mais retirez la racine pivot. Laissez un peu de terre aux racines, enveloppez les futurs bonsaï miniatures dans de la mousse humide ou du papier journal humecté, afin qu'ils ne se dessèchent pas. Le choix de la coupe dépend de votre goût; il faut qu'il y ait un trou d'évacuation suffisamment important dans le fond. De même, un bon mélange de terres sera déterminant pour les chances de survie des arbres. Vous pouvez prendre aussi les mélanges de terres à bonsaï qui ont fait leurs preuves, mais avec une terre bien plus fine. Les bonsaï miniatures et ceux qui le deviendront doivent être arrosés au moins trois fois par jour; plus souvent en été, selon la température et le vent, car les 2 à 3 cuillères à soupe de terre dont ils sont besoin se dessèche très rapidement.

Pour simplifier l'arrosage, vous pouvez aussi plonger le petit arbre dans l'eau jusqu'à ce que plus aucune bulle d'air ne remonte.

Lors de la réalisation des bonsaï miniatures, la taille est la technique la plus importante, car les arbres sont trop petits pour supporter un ligaturage trop important. Il faudrait d'abord réduire à un ou deux bourgeons les jeunes arbres que vous avez trouvés. Répétez cette opération jusqu'à ce qu'ils commencent à prendre une allure intéressante. Ensuite, il faudrait encourager certaines ramilles à pousser et pincer entre le pouce et l'index celles qui dominent.

Cerisier du Japon en fleurs, prunus serrulata. Taille 12 cm, âge env. 8 ans.

Taille des branches et des racines.

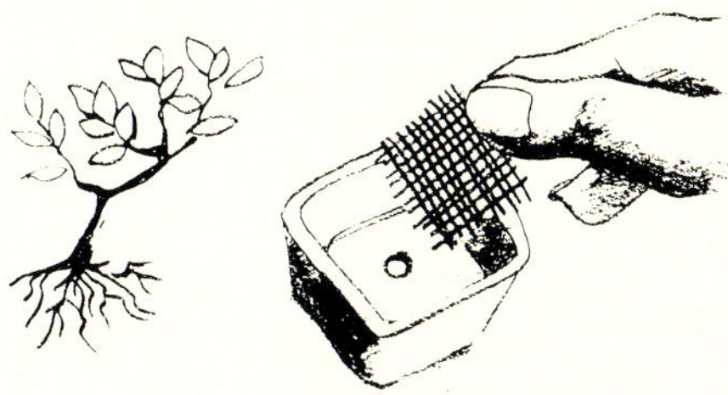

Recouvrir le trou d'évacuation avec du grillage plastique.

Verser la couche drainante.

Après la mise en pot du petit arbre, tasser la terre avec une baguette en bois ou avec les doigts.

Arroser abondamment.

Création d'une forme Moyôgi

Avant la première taille, au printemps.

Après la première taille, à l'automne de la même année.

Après la 2ème taille de printemps, à l'automne de l'année suivante.

Le petit arbre à l'automne de la 3ème année.

Si vous voulez créer un bonsaï miniature aux branches retombantes, vous pouvez entourer celles-ci de fil de cuivre ou employer la méthode suivante: ficelez le récipient comme un paquet, avec de la ficelle. À l'aide de fils, tirez les branches le plus possible vers le bas et attachez-les à la ficelle.
Utilisez les engrais avec parcimonie. C'est l'engrais liquide dilué qui convient le mieux aux bonsaï miniatures. Employez-le comme pour les bonsaï normaux, de la fin du printemps jusqu'au milieu de l'automne, une fois par semaine et toujours après l'arrosage. Parfois, en raison de la taille minuscule de vos sujets, il est préférable d'injecter l'engrais à l'aide d'une seringue par le trou d'évacuation sous la coupe.
Tous les arbres, au bout d'un certain temps, sont fatigués de leur terre, notamment les bonsaï miniatures, qui croissent dans 2 à 3 cuillerées de terre. Il faut donc les dépoter plus souvent que les grands en rabattant leurs racines des 2 tiers. Racourcissez de moitié les feuilles des bonsaï à grandes feuilles, afin qu'elles ne sollicitent pas trop les racines fraîchement taillées.
Après avoir placé l'arbre dans un endroit à l'abri du soleil et du vent attendez une semaine avant de le réhabituer au soleil. Bassinez tout le feuillage une fois par jour. Quant à l'emplacement de votre bonsaï miniature, respectez les mêmes consignes que pour les bonsaï normaux.
Vous voyez donc que les soins et les méthodes de culture ne sont pas différents de ceux appliqués aux bonsaï normaux. Là encore un bonsaï réalisé est le résultat de nombreuses années de persévérance et de soins patients.
Bien sûr, les bonsaï miniatures ne deviennent pas plusieurs fois centenaires, mais peuvent, grâce à un bon entretien, dépasser tout de même trois générations. Parfois, malgré toutes les précautions, la croissance des bonsaï miniatures ne peut plus être contrôlée, il faut alors les traiter comme des bonsaï normaux.
Au Japon, la création de bonsaï miniatures est très prisée et ils peuvent atteindre des prix extrêmement élevés.

Attachage des rameaux pour obtenir des branches retombantes.

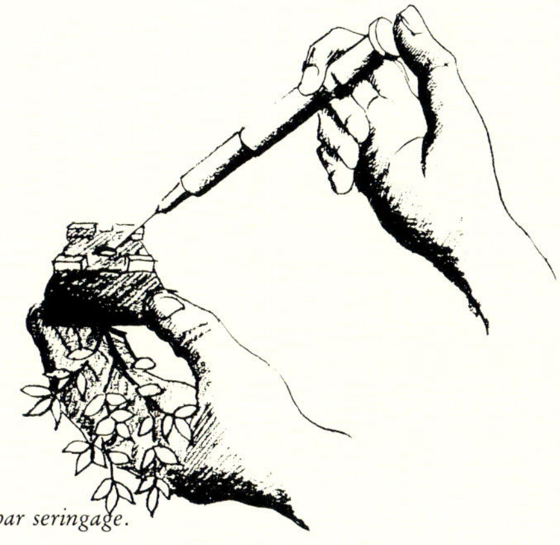

Fumure par seringage.

Bonsaï miniatures élégamment disposés sur un présentoir japonais à bonsaï. Les feuillus ont environ 25 ans et les conifères entre 30 et 45 ans.

Bonsaï miniatures. Taille 6 à 12 cm, âge 6 à 10 ans.

Bonsaï miniatures. Taille env. 8 à 18 cm, âge env. 8 à 15 ans.

Petite sélection de coupes à bonsaï miniatures de 4 à 15 cm.
Image de droite: modèle de bonsaï dans la nature. Poirier de la région de Heidelberg.

Culture d'un Bonsaï

On entend par culture d'un bonsaï, le développement d'un bonsaï à partir d'une matière première adéquate. Vous pouvez créer des arbres miniatures à partir de la plupart des arbres ou arbustes, surtout ceux qui poussent sous nos climats. Mais pour ceux-là, il vaut mieux rechercher les espèces qui ont, à l'état naturel, un petit feuillage, de petites fleurs et un aspect ramassé. Vous trouverez p. 182 et suivantes un choix d'espèces de bonsaï les plus courantes. Dans la culture d'un bonsaï, on utilise les methodes traditionnelles de multiplication des végétaux. En outre, il est possible de prélever, dans la nature, des sujets adéquats ou de les acheter dans une pépinière.

Bonsaï à partir de semis

On peut faire pousser de très beaux bonsaï à partir de semences, à condition de patienter 5 à 7 ans jusqu'à l'apparition de la forme typique du bonsaï. Il est ainsi possible de suivre, dès le début, le développement des petits bonsaï à partir de plants et d'intervenir de façon appropriée. Presque tous les plants peuvent être obtenus à partir de semis. Les conifères les plus appréciés sont: l'if, le pin, l'épicéa, le mélèze, et le sapin. Chez les feuillus: les variétes d'érables, le bouleau, le hêtre, le buisson ardent, le ginkgo, le grenadier, le charme, le hêtre et le zelkova.

En automne, au cours de vos randonnées en forêt et dans la campagne, vous trouverez de nombreuses variétés de graines avec lesquelles vous pourrez faire chez vous un semis. Vous vous souvenez sans doute des samares ailées d'érable de votre enfance: toutes les baies, les fruits et les noix comme les baies rouge vif du buisson ardent et de l'if, les faînes des hêtres, les glands, les noisettes, les grenades et les pommes de pin, sont porteurs de graines.

Il existe également dans les jardins publics, des arbres particulièrement beaux et rares. Vous y recueillerez, par exemple, des graines de ginkgo, de cèdre, de cyprès. Si vous désirez vous épargner cette peine, vous pouvez également acheter des »graines de bonsaï» en sachet. Ne vous laissez pas abuser par les belles photos de bonsaï illustrant ces sachets. Vous n'avez acheté là que le matériel de base!

Les variétés de semence diffèrent beaucoup selon le poids, la grosseur, l'aspect et la nature de l'enveloppe des graines, ce qui nécessite des semis différents pour les faire germer. Il existe des espèces qui sont prêtes à germer aussitôt après leur récolte et donc qui peuvent être semées tout de suite. Il en est d'autres qui doivent auparavant être gardées au sec et au frais dans des verres ou des sachets de plastique, comme les graines de hêtre, de chêne, de fusain, de pin, d'épicéa et de sapin.

D'autres espèces encore peuvent germer tout de suite mais doivent être enfouies dans du sable humide avant emploi, afin de ne pas perdre leur faculté germinative comme, par exemple, les graines de hêtre.

De nombreuses variétés de graines ne sont pas prêtes en automne, à la maturité du fruit et ont besoin, en attendant, d'une période de repos. C'est pourquoi on les stratifie, en les disposant en couches dans du sable humide, au frais et à l'abri du gel. Cette période de repos nécessaire peut durer de 6 à 12 mois et concerne les graines de sycomore, et toutes les variétés d'érables japonais, l'amélanchier du Canada, le charme, le néflier, l'argousier, le houx et le genévrier.

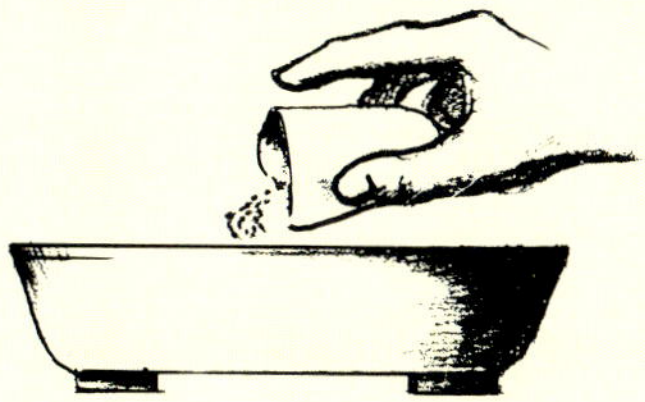

Semer

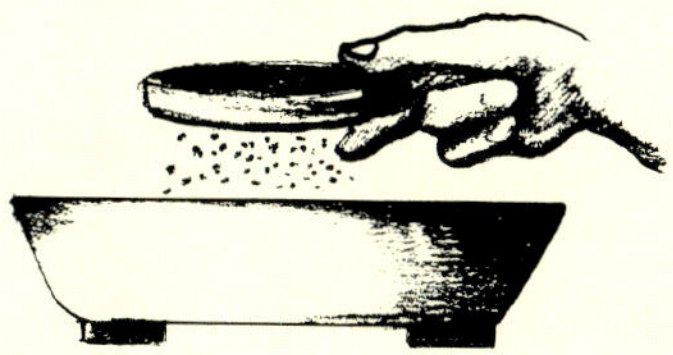

Recouvrir de sable ou de terre

Tasser avec une planchette

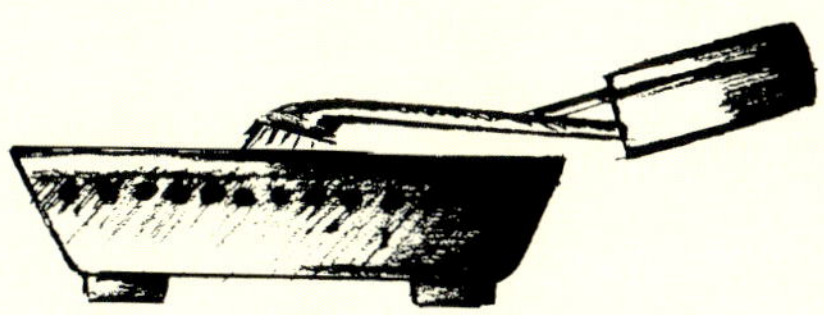

Arroser copieusement

Avant de semer, mettez les graines à tremper et laissez prégermer 1 à 2 jours. De plus, si l'enveloppe de la graine est dure, scarifiez-la pour assurer une bonne germination. Il est recommandé aussi de traiter la semence avec un produit décapant, liquide ou sec, pour prévenir les maladies typiques des plants comme la fonte des semis et la pourriture des racines.
L'ensemencement peut être effectué au printemps, à la fin de l'été et en automne. Utilisez pour cela des godets en plastique de 10 cm de haut convenant particulièrement aux graines seules, et aussi des coupes à bonsaï, des caissettes en bois ou de simples récipients avec trous d'évacuation que l'on aura recouverts d'un grillage de plastique avant de les remplir de terre. Remplissez le récipient d'un mélange tourbe-sable en parts égales ou de terre de cactus du commerce, et pour les rhododendrons et toutes les plantes qui aiment un sol acide, de préférence de la tourbe pure. Remplissez de terre jusqu'à 3 cm du bord et complétez par une couche d'environ 1 cm de la même terre tamisée. Tassez la terre avec une planchette et ne semez pas trop serré. Après avoir semé, recouvrez les graines avec une autre couche de cette même terre tamisée ou de sable fin. Cette couche couvrante devrait être très mince, soit 2 fois le diamètre des graines. Tassez-la encore doucement avec une planchette et arrosez en fine pluie. Recouvrez le récipient d'une vitre et placez-le à l'ombre, puis en automne, à l'abri du gel. Certains de vos semis ne lèveront peut-être pas car leur germination s'arrête en cours de route, ils ne germeront que l'année suivante. Quelques variétés d'érables peuvent être sujettes à ce retard en cas de hausse subite de température. Placez donc le semis à l'abri du soleil, afin que la terre ne se réchauffe pas trop et que sa température ne dépasse pas 15°C, ce qui convient à toutes les semences.

À l'apparition des premiers germes, placez un morceau de bois sous la vitre pour apporter de l'air frais aux plants. La vitre peut être ensuite complètement retirée dès les premières feuilles.
Les jeunes plants peuvent déjà recevoir un peu d'engrais à partir de juin-juillet. Lorsqu'ils ont atteint une taille d'environ 10 cm, placez-les dans de simples pots à fleurs et habituez-les progressivement au soleil. Selon l'espèce de la plante, vous pourrez commencer la création du bonsaï, au bout de 1 à 2 ans.

Bonsaï à partir de boutures

Cette culture de bonsaï exige moins de patience que la méthode par semis. Les boutures sont des parties de végétaux sans racines, prélevées sur des plantes-mères vigoureuses et saines, et que l'on a repiquées en terre pour leur faire prendre racines.
La plupart des espèces peuvent être reproduites par boutures. Par exemple, chez les conifères: les cryptomérias du Japon, les épicéas, les ifs, les genévriers, les cyprès; et chez les feuillus: les variétés d'érables, les azalées, les cotonéasters, les grenadiers, les jasmins, les oliviers de Bohême, les ormes, les saules et les zelkovas. De cette façon, il est également possible de créer un nouvel arbre pour en faire un futur bonsaï, à partir de jets provenant de la taille annuelle de printemps de vos autres bonsaï. D'autre part, de nombreuses boutures comme celles des saules et des zelkovas, prennent facilement racines dans un verre d'eau.
La multiplication par boutures est possible toute l'année, mais il est recommandé de prendre les pousses de l'année ayant atteint un degré suffisant de maturité. Les boutures d'arbres à feuilles caduques doivent être coupées à partir de la fin juin, lorsqu'elles commencent à aoûter et les boutures de conifères juste avant la pousse de printemps, ou à l'automne, à partir de septembre, lorsque les jeunes pousses sont suffisamment lignifiées. Les boutures de printemps prennent plus rapidement racines que celles d'automne. La croissance des racines peut encore être accélérée en plongeant auparavant les boutures dans des solutions comme l'auxine.

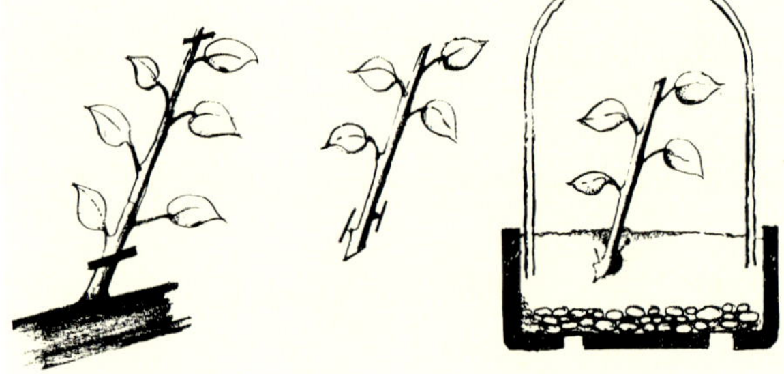

Séparer la bouture du porte-greffe. *Ôter les feuilles inférieures.* *Repiquer dans le récipient prévu et arroser abondamment.*

Les boutures des arbres à feuilles caduques doivent comporter au moins 4 à 6 paires de feuilles et mesurer environ 4 à 10 cm selon la distance entre les feuilles qui varie d'une espèce à l'autre. On les sépare de la plante-mère avec des ciseaux ou un couteau tranchant, au dessous d'une insertion foliaire. Coupez la pointe molle des pousses et retirez aussi les feuilles inférieures qui risquent de pourrir dans la terre.
Chez les conifères, n'employez que les pointes des ramules comme boutures. Vous pouvez, lorsqu'il s'agit de jets particulièrement longs comme chez les chamaecyparis, les juniperus et les thuyas, raccourcir la partie supérieure et détacher doucement les aiguilles inférieures.
De simples pots de fleurs, des cagettes, des coupes à bonsaï et des caissettes en bois conviennent au repiquage des boutures. Remplissez le récipient jusqu'au bord d'un mélange tourbe-sable en parts égales; et tassez la terre avant d'y repiquer les boutures, à 3 cm de profondeur environ. Respectez un espacement suffisant entre elles. Après les avoir plantées, arrosez-les copieusement, et protégez-les de l'évaporation, par une feuille de plastique tendue sur arceaux et fixée au pot par un élastique ou du raphia.
Placez alors votre petite serre dans un endroit éclairé, mais non ensoleillé, car l'enracinement des boutures nécessite des températures constantes entre 15°C et 18°C. Pendant la première semaine, pour éviter que les feuilles ne se fanent, pensez à vaporiser les boutures plusieurs fois par jour, puis moins souvent par la suite. De même, la terre doit toujours être maintenue légèrement humide.
Lorsque la bouture a repris, ce qui se remarque au démarrage des pousses, soulevez légèrement la feuille plastique quelques heures pendant la journée pour que l'air durcisse les plants, puis retirez-la progressivement. Dès qu'ils ont formé une petite touffe de racines, mettez-les en pots individuels. Laissez-les encore un mois dans un endroit légèrement ombragé avant de les habituer progressivement au soleil et de leur donner leur premier engrais.
En hiver, mettez-les à l'abri du gel. Au bout de 1 à 2 ans, selon l'espèce, vous pouvez commencer le travail de mise en forme.

Bonsaï par marcottage simple

A la différence du marcottage aérien, beaucoup de bonsaï ne peuvent-être obtenus par marcottage simple que s'ils ont des branches retombantes, comme le magnolia, le pin, le forsythia, le weigelia, l'amélanchier du Canada.

La branche est pliée vers le bas; la partie à enterrer est débarrassée de ses feuilles et de ses aiguilles. Dans la partie inférieure, faites 1 ou 2 incisions sur une longueur d'environ 4 cm afin de faciliter la formation des racines. Enterrez ensuite cette branche sur 10 cm et maintenez la terre constamment humide à cet endroit. Une fois les racines prises, sevrez la marcotte.

Bonsaï à partir d'un sauvageon

Autrefois, de nombreux Japonais partaient en montagne au printemps pour chercher leurs bonsaï et en rapportaient souvent de très beaux. Nombreux parmi ces petits arbres sont ceux qui, entretenus avec amour, peuvent encore de nos jours être admirés dans des expositions annuelles de bonsaï.

Mais aujourd'hui, cette récolte en montagne ne peut plus se faire qu'avec l'autorisation de l'Administration des Forêts et les Japonais doivent d'ailleurs s'engager à les remplacer par de jeunes plants de pépinière. Vous aussi, en particulier lorsqu'il s'agit d'un arbre d'un certain âge, vous devez, en principe, avant de l'extraire, obtenir l'autorisation des autorités ou du propriétaire. Celle-ci n'est pas nécessaire pour les jeunes plants que l'on trouve partout sous les grands arbres.

Vous aurez toutes les chances de réussir cette opération si vous faites votre récolte au début du printemps, car c'est juste avant leur réveil que les végétaux peuvent le mieux supporter une transplantation. Munissez-vous toujours d'une petite bêche, d'un couteau tranchant ou d'un sécateur, de quelques sacs en plastique, de papier journal et d'un peu d'eau. Ainsi, vous pourrez déterrer votre trouvaille avec le maximum de

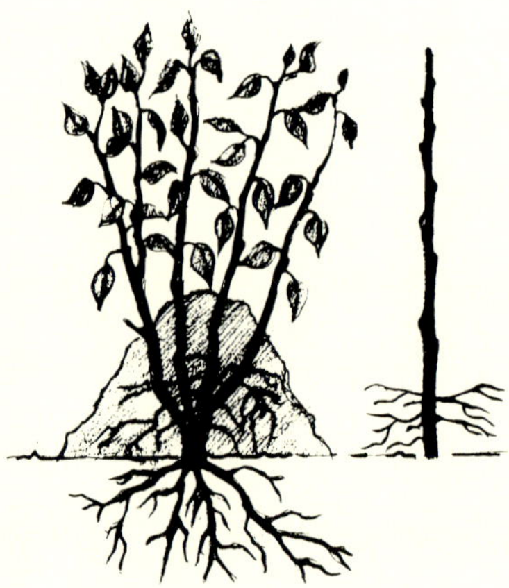

Les tiges d'arbuste peuvent être marcottées par buttage avec de la terre ou de la tourbe. Les jeunes plants ainsi obtenus sont sevrés en automne, après la chute des feuilles ou avant la montée de la sève au printemps suivant.

Jeunes plants par marcottage chinois et par simple couchage

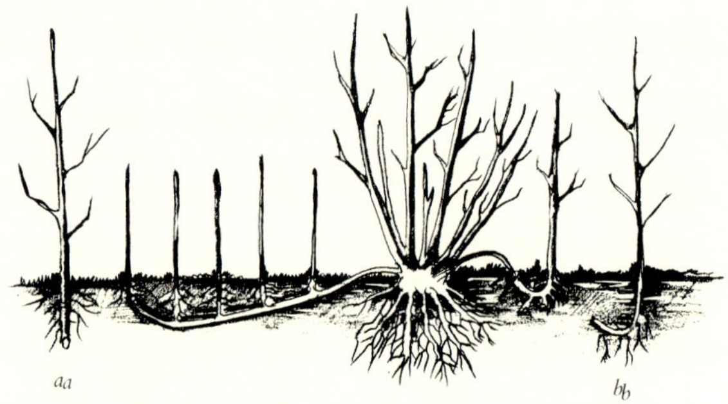

Pour le marcottage chinois (a), enterrez les branches à l'horizontale. Les jeunes plants naissants forment des racines droites. Pour le couchage simple (b), les branches sont enfouies dans la terre, recourbées et maintenues à la verticale à l'aide d'un crochet. Les plants ainsi obtenus forment des racines en arc.

racines et de terre, et l'emporter chez vous, protégée par une feuille humide de papier journal.

Si presque tous les plants peuvent devenir des bonsaï, il serait néanmoins plus avantageux de ne prélever que les plus vigoureux, à la forme prometteuse. Les plants de 10 à 20 cm sont déjà de bonnes bases pour bonsaï et s'éleveront facilement, car leur motte est encore compacte et leur déterrage facile. Plus un arbre est âgé, plus il souffrira lors de l'arrachage, car ses éléments nutritifs sont captés par les fines radicelles que l'on trouve surtout à l'extrémité des racines et qui se détachent notamment lors de l'arrachage des arbres plus âgés.

Dans ce cas, afin de dégager la couronne, il est recommandé de tailler les branches trop longues ou gênantes, puis de délimiter un cercle autour du tronc, coïncidant à peu près au diamètre de la couronne. Vous pouvez alors, à l'aide d'une bêche, creuser une tranchée étroite en suivant cette ligne et sectionner au couteau ou au sécateur toutes les racines que vous découvrez. Approfondissez peu à peu la tranchée vers le centre, en un arc dont le rayon corresponde à celui du cercle dessiné. Vous pouvez alors trancher la grosse racine pivot. Votre sauvageon peut être maintenant retiré, tout doucement, afin de préserver la motte, cf. croquis p. 127.

Enveloppez la motte dans du papier journal mouillé ou de la mousse également humide que vous trouverez souvent sur place. Transplantez ensuite votre arbre dans de la terre meuble de votre jardin ou placez-le dans un récipient assez grand, pourvu d'une bonne couche drainante faite d'un mélange de tourbe en de sable en parts égales.

Surtout s'il est très vieux, vous ménagerez encore plus votre sauvageon en ne cernant d'abord que la moitié des racines, c'est à dire que vous ne creuserez que la moitié du cercle avant de couper les racines et vous reboucherez la tranchée avec de la terre meuble. L'arbre pourra donc émettre de nouvelles radicelles du côté déjà coupé et continuer à être nourri par les autres racines.

L'année suivante, au printemps, vous pourrez cerner l'autre côté et arracher votre arbre. Cette méthode est préférable, si vous avez découvert dans votre propre jardin un arbre se prêtant bien à une transformation en bonsaï. Après l'avoir transplanté dans de la terre de jardin ou dans un grand récipient, la couronne sera encore élaguée en fonction du bloc de racines.

Maintenant, le petit arbre a besoin d'un endroit légèrement ombragé et protégé du vent. Comme pour les plants et les boutures, il serait bon de le placer sous un tunnel ou un toit en plastique que vous lui aurez confectionné. Ainsi, dans une atmosphère confinée, il récupérera plus vite et formera des radicelles et des pousses nouvelles. Cet abri anti-évaporation peut être retiré au bout de 6 à 8 semaines et l'arbre habitué peu à peu à son milieu normal. Au bout de 1 à 2 ans, rempotez-le dans une coupe à bonsaï après avoir taillé les racines.

Le greffage

Le greffage est l'art de réunir des parties de vegétaux différents pour former une unité apte à croître. Il consiste à greffer une branche de 1 à 2 ans, appelé greffon, sur un autre sujet adéquat, en général de la même espèce, appelé porte-greffe. Le rôle du porte-greffe est de former les racines et le tronc inférieur, celui du greffon de former la couronne et le tronc supérieur. Les deux éléments ainsi soudés constituent un nouvel arbre tout en gardant chacun leur individualité. Ceci se remarque aisément aux différences qui existent entre le greffon et le porte-greffe: nature des pousses, diamètre variable du tronc et souvent aussi, aspect différent des deux écorces. Pour l'amateur de bonsaï, le greffage est une technique intéressante qui permet d'élever, de perfectionner et de conserver les arbres miniatures. Des arbres dont les racines ont été endommagées peuvent être sauvés du déclin par des greffes. De même, des arbres florifères pourront porter des fleurs aux couleurs variées.

La greffe permet aussi de reproduire des plantes qu'il serait difficile, voire impossible, de cultiver avec d'autres méthodes. L'expérience a montré que les pins blancs du Japon, par exemple, ayant subi une greffe de racine, poussaient bien plus rapidement. C'est pourquoi, au Japon, presque tous ces pins sont greffés sur des pins noirs de Thunberg.

Un autre avantage du greffage est de garder le caractère original de l'espèce, c'est à dire que l'aspect et la couleur de l'arbre sont hérités du greffon, tandis que, par semis, le même arbre produira de nombreuses variantes.

Mais le greffage présente aussi quelques inconvénients. La cicatrice de la greffe peut devenir très laide et des rejets pousser en dessous; d'autre part, la technique du greffage demande de l'habileté et une certaine expérience.

Voici quelques méthodes de greffage les plus importantes pour l'amateur de bonsaï:

1. Greffe latérale
2. Greffe en couronne
3. Greffe en fente
4. Greffe en écusson
5. Greffe par approche

Il faut en général greffer les plantes au début du printemps avant la montée de la sève. Les arbres persistants peuvent être aussi greffés de la mi-août à la mi-septembre.

Les espèces suivantes de bonsaï sont surtout élevées par greffage: l'abricotier et tous les autres arbres fruitiers, et aussi la glycine, le houx à feuilles serrées, les espèces d'érables à feuilles pourpres, le cognassier de Chine, l'épicéa de Yeso, le pin de Thunberg à écorce épaisse et le pin blanc du Japon.

Greffe latérale

L'insertion latérale est surtout effectuée en été sur les feuillus persistants et les conifères, afin d'obtenir de nouveaux sujets.

La greffe doit se situer dans la partie la plus basse possible du tronc, pour qu'elle ne se remarque pas plus tard ou qu'elle puisse être cachée par de la terre. Pratiquez, latéralement, sur le tronc du porte-greffe, une entaille oblique de 3 à 5 cm de long et insérez-y le rameau que vous aurez taillé en biseau.

Le rameau de 3 à 5 cm de long est fixé au porte-greffe à l'aide de raphia et, comme pour toutes les greffes, enduisez de mastic à greffer afin d'éviter un dessèchement de la cicatrice et la pénétration d'eau ou de parasites.

Lorsqu'au printemps suivant, vous voyez le greffon repartir, c'est qu'il a pris; coupez alors le porte-greffe en biais au dessus de la greffe. Si vous ne désirez pas, par cette méthode, créer un nouveau petit arbre, mais implanter une seule branche sur un tronc trop allongé, veillez à ce que le greffon soit taillé en un biseau aux 2 faces inégales; la face la plus petite étant appliquée côté tronc lors de l'insertion dans le porte-gref-

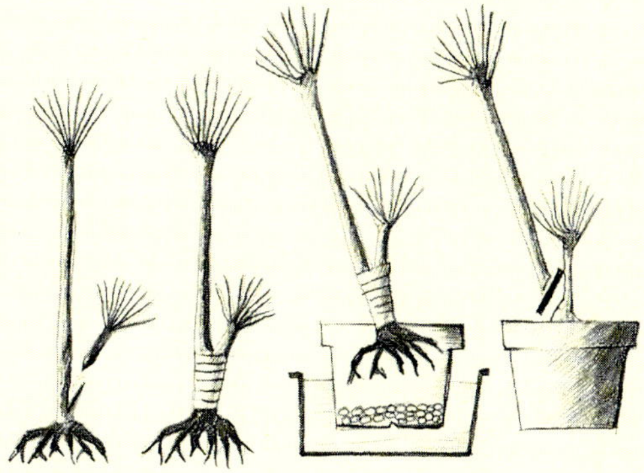

Pour la greffe latérale, enfoncez le rameau dans la fente du porte-greffe; entourez-la de raphia et bouchez-la avec du mastic à greffe. Placez la plante en biais dans un pot pour permettre la croissance verticale du greffon. Vous pouvez le tremper 10 minutes dans un bain d'eau ou l'arroser copieusement.
Lorsque la greffe a pris, ce qui se voit à la nouvelle pousse, le porte-greffe peut être coupé.

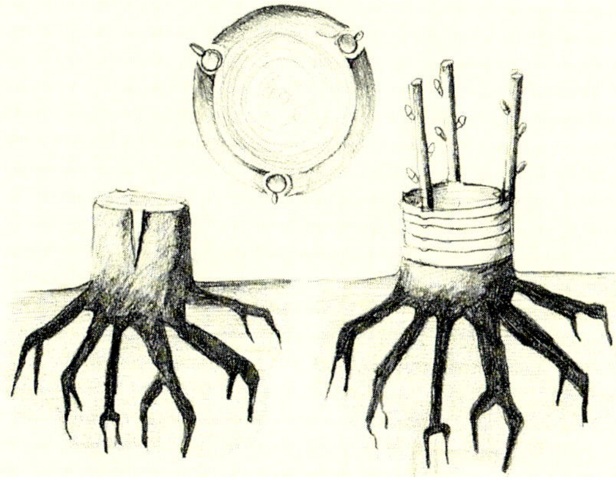

Pour la greffe en couronne, le porte-greffe est coupé horizontalement et son écorce entaillée sur 3 à 5 cm. Les greffons sont insérés sous l'écorce.

fe, car ce n'est qu'à cette condition que sa croissance se fera sous un angle naturel.

Greffe en couronne

Les spécialistes en bonsaï n'emploient la greffe en fente (paragraphe suivant) qu'avec des branches et des troncs assez minces. Lorsque ceux-ci dépassent 3 cm de diamètre, la greffe en couronne est préférable. Elle permet non seulement de créer des troncs multiples, mais aussi de reformer de vieux arbres pourvus de bonnes racines, mais dont la ramure est abîmée et sans caractère: on étête alors la ramure et on insère de nouveaux greffons dans le porte-greffe.

Dans la greffe en couronne, le diamètre du greffon doit être bien plus petit que celui du porte-greffe. Pour une meilleure cicatrisation, rafraîchissez-le porte-greffe ou sciez-le avant d'en parer la coupe avec un couteau. Faites ensuite une entaille verticale de 2 à 5 cm. Après les avoir légèrement tapotées, soulevez doucement les deux lèvres de l'écorce et insérez-y le greffon préparé et taillé. De cette manière, vous pouvez greffer plusieurs rameaux en même temps autour du tronc. Attachez la greffe avec du raphia pour maintenir les rameaux et enduisez-la de mastic ainsi que les coupes.

Greffe en fente

Fendez le porte-greffe dans le sens vertical sur 3 cm et insérez-y un rameau effilé de 5 à 7 cm de long, ou bien deux, placés au bord.

Après avoir ligaturé la greffe avec du raphia, enduisez-la avec du mastic. La greffe en fente permet d'implanter de nouvelles branches.

Greffe en écusson

Avec la greffe en écusson, ce n'est plus un rameau mais seulement un fragment d'écorce avec un œil bien formé qui est détaché du rameau et inséré dans le porte-greffe. Les yeux sont des bourgeons dormants qui naissent entre le tronc et l'insertion foliaire. Cette technique convient particulièrement au remplacement de branches manquantes.

La meilleure période se situe en juillet et en août lorsque l'écorce et ses yeux se détachent facilement du tronc. Les yeux sont prélevés sur des sujets d'un an. Attendez une journée assez fraîche et pluvieuse pour éviter un dessèchement rapide de la greffe. Utilisez un écussonnoir pour faire une incision en T sur le porte-greffe. Faites d'abord une incision verticale de 2 cm de long, jusqu'au bois, pas plus, puis une autre transversale. Détachez alors, en même temps que l'œil et sur 1 cm, le fragment d'écorce qui l'entoure. Si celui-ci est pourvu d'une feuille, retirez-la, mais gardez le pétiole.

Avec le couteau, soulevez ensuite doucement l'écorce du T, dégagez les lèvres de l'écorce et insérez-y l'œil par le haut, le pétiole pouvant servir de prise. Ligaturez la greffe avec du raphia ou un élastique, l'œil restant dégagé. Il sera pris lorsque le pétiole tombera et il formera une nouvelle branche au printemps suivant.

La greffe en écusson convient particulièrement aux arbres fruitiers tels que les abricotiers, les cerisiers, les pêchers, et aussi aux rosiers. Cette méthode est recommandée aux amateurs de bonsaï, surtout lorsqu'ils désirent transformer une plante mâle ou femelle en plante mixte, comme par exemple l'argousier et le houx à feuilles serrées. Ces arbres ne forment des fruits, que si vous cultivez les deux espèces, mâle et femelle. En insérant un œil de plante mâle, non fructifère sur une plante femelle, la fécondation sera possible et votre arbre portera des fruits.

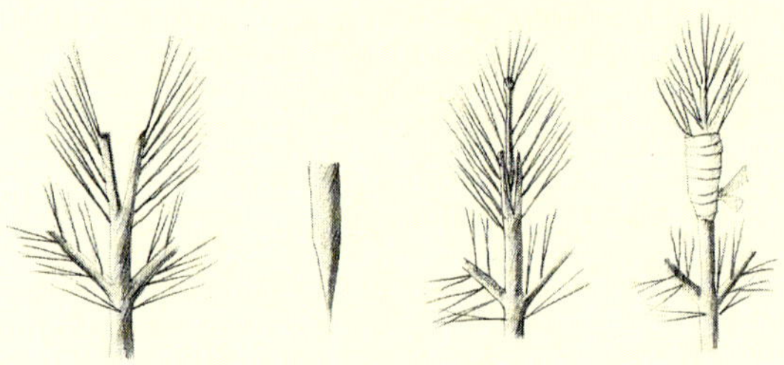

Pour la greffe en fente, fendre le porte-greffe sur 2 ou 3 cm de profondeur, insérer le rameau taillé en pointe, envelopper avec du raphia, puis colmater avec du mastic.

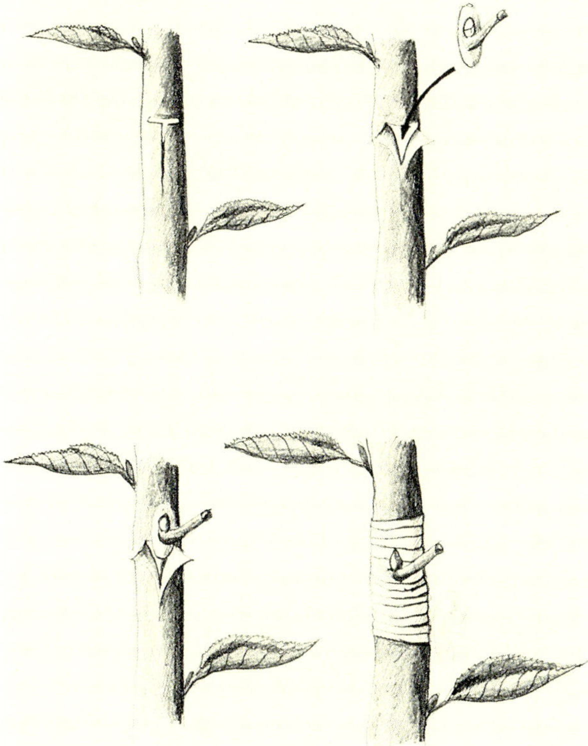

Après avoir fait l'entaille en T, écarter les lèvres de l'écorce, insérer l'œil et ligaturer avec du raphia en laissant l'œil dégagé.

Les croquis ci-dessous montrent deux exemples d'implantation d'une branche sur un tronc, et d'un petit rameau sur une branche plus forte. Retirez d'abord un lambeau d'écorce de 3 cm de long sur le greffon et sur le porte-greffe pour bien faire coïncider les deux sections. Appliquez-les ensuite l'une sur l'autre, ligaturez avec du raphia ou un élastique et enduisez avec du mastic. La greffe prendra avant la fin de l'automne de la même année, si vous l'avez faite au printemps. Alors, le greffon pourra être séparé de la plante-mère en coupant le plus près possible de celle-ci pour réduire le renflement. La cicatrice disparaîtra plus vite et mieux, si elle est enduite de mastic. Cette technique peut être facilitée si vous faites pousser une branche tout près de l'arbre auquel il en manque une, pour pouvoir par la suite, la courber à la hauteur de la greffe souhaitée.

Greffe par approche

Avec cette greffe, le greffon n'est pas tout de suite coupé mais reste au contraire relié à la plante-mère jusqu'à ce qu'ils ne forment plus qu'un. Ce mode de greffage convient à presque toutes les espèces de bonsaï et se pratique souvent avec le «même bois», c'est à dire que le greffon et le porte-greffe proviennent du même arbre.

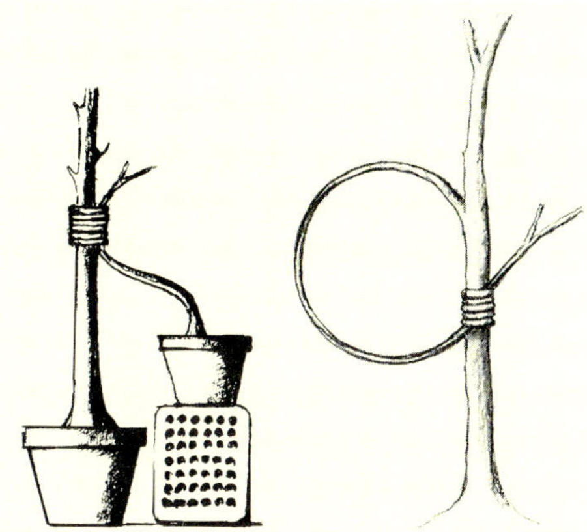

Greffe par approche pour remplacer une branche manquante. On greffe une branche provenant d'une autre plante ou de la même plante. Toutes ces greffes ne prennent que si leurs cernes de croissance sont bien accolés. Ils se trouvent juste derrière l'écorce.

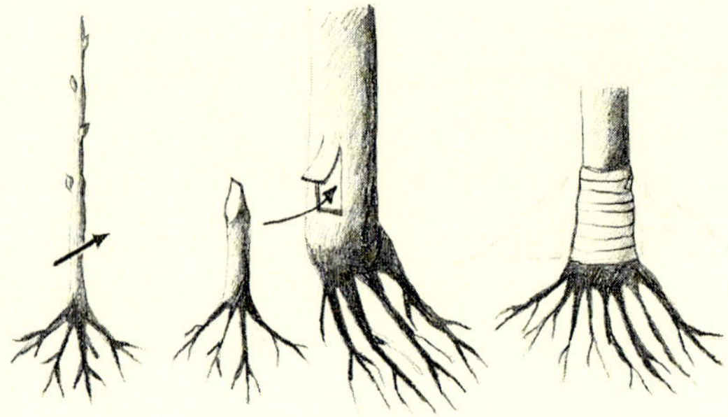

Greffe d'une racine. La partie inférieure d'un jeune plant est insérée sur le côté d'un sujet plus âgé. Ceci permet de remplacer les racines mortes et d'équilibrer leur implantation.

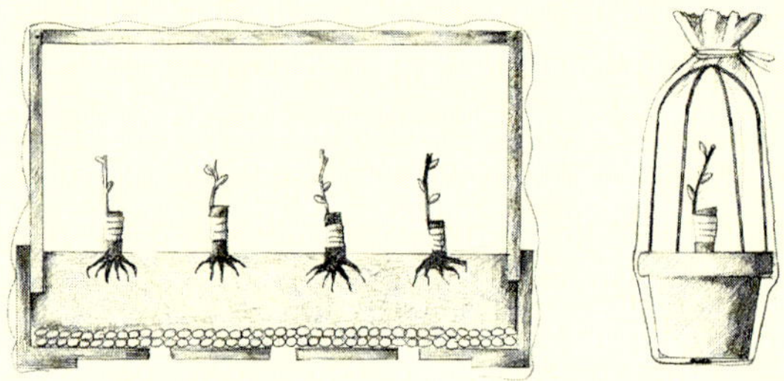

Deux exemples pour protéger vos nouvelles greffes jusqu'à leur prise.

Recommandations générales

Chez les conifères et les arbres persistants, on sépare les rameaux de la plante-mère immédiatement avant le greffage. Chez les arbres à feuilles caduques, on attend l'arrêt de la végétation, c'est à dire jusqu'à l'automne ou l'hiver, et l'on ne coupe les rameaux que s'il ne gèle pas. Ceux-ci sont enjaugés dans du sable humide et conservés au frais, à l'abri du gel. En général, le greffon et le porte-greffe proviennent de la même espèce, ce qui garantit une bonne reprise. Les amateurs de bonsaï peuvent exécuter les travaux décrits, simplement avec un couteau aiguisé. Il est très important que tous les greffages soient faits rapidement, avec une extrême propreté pour éviter l'intrusion de bactéries. Il est recommandé aussi de ne pas toucher les sections avec les doigts.

Après le greffage, mettez tous les petits arbres dans un endroit à l'abri du vent et à température constante, par exemple dans des pots à semis ou dans des tunnels en vinyle comme sur les croquis ci-dessus. Après la reprise de la greffe, qui se remarque aux nouveaux jets du rameau, les arbres sont progressivement réhabitués à des conditions de vie normales. Attendez encore un an avant de retirer le raphia.

Au printemps (avril), taillez une languette verticale de 3 à 5 cm sur la branche destinée à être marcottée en hauteur. Enduisez d'auxine pour favoriser la formation de racines. Calez un peu de mousse ou un petit caillou dans la fente pour empêcher que la lèvre ne se ressoude. Entourez le tout d'une poignée de sphaigne humide ou de tourbe. Enveloppez cette couche d'un morceau de feuille de plastique et bouchez les extrémités avec du ruban adhésif.
Dans de nombreux cas, l'apparition des racines a lieu au bout de 6 semaines comme chez le saule et le troène. Les rhododendrons et les hêtres mettent environ 2 fois plus de temps. Chez les conifères, il vous faudra patienter au moins 12 à 14 mois jusqu'à l'apparition des premières racines. Dès qu'il y a suffisamment de racines et après avoir retiré la feuille de plastique, vous pouvez sevrer la marcotte, la mettre en pot et la traiter comme un bonsaï récemment rempoté.

Possibilités de marcottage aérien sur une plante-mère.

Bonsaï par marcottage aérien
Grâce au marcottage aérien, on peut former des racines sur des branches et des rameaux particulièrement beaux d'arbres et d'arbustes. Cette méthode de multiplication a l'avantage de pouvoir déjà préparer la mise en forme sur la plante-mère. Les branches ne doivent pas avoir plus de 3 à 5 cm de diamètre, les plus grosses ayant plus de difficultés à former des racines.
Les arbres qui supportent bien ce marcottage aérien sont: toutes les espèces d'érables, les azalées, les hêtres, les cryptomérias du Japon, les pins, les forsythias, les buissons ardents, les grenadiers, les glycines, les camélias, les cognassiers, les rhododendrons, les ormes, les genévriers, les saules et les zelkovas.

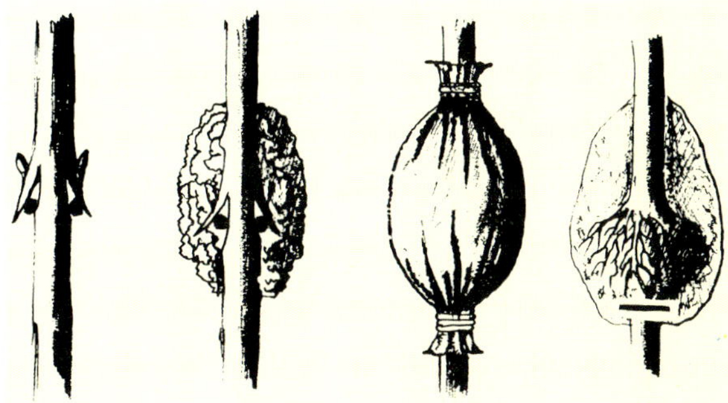

Entaille maintenue ouverte par des cailloux. *La marcotte aérienne est recouverte de mousse humide* *et entourée d'une feuille plastique.* *Après le prise de racines, la branche peut être séparée de la plante-mère.*

Création de Bonsaï à partir de jeunes plants

Plus tôt on aura commencé la mise en forme, moins le jeune plant nécessitera plus tard de traitements énergiques. Les jeunes plants d'au moins 2 à 3 ans issus de semis, de boutures et d'autres moyens de multiplication ou qui ont été prélevés en forêt, se prêtent parfaitement à être transformés en bonsaï. Lorsqu'ils ont une taille de 15 à 20 cm, que leur tronc a la grosseur d'un crayon et qu'ils présentent suffisamment de racines, ils peuvent alors être transplantés. Retirez d'abord doucement la terre des racines et taillez-les d'un tiers. Il est très important que lors de la mise en pot, les racines reposent à plat dans un récipient assez grand, bien réparties de tous les côtés.

Comme il est décrit à la page 106, un vrai bonsaï donne l'impression d'être solidement enraciné en terre. Ceci n'est possible que si les racines visibles sont bien distribuées tout autour. Bien sûr, elles peuvent différer en grosseur et avoir un espacement variable entre elles, mais elles ne doivent pas se chevaucher. Ayez de la patience lors de la réalisation de la base du tronc, car plus tard, il vous sera difficile de rectifier cette partie si importante pour l'aspect général du petit arbre. Le pivot que possèdent par exemple les pins et les genévriers, gêne la répartition des racines et devrait être supprimé lorsqu'il existe assez de radicelles; sinon, il peut être rogné des deux tiers seulement.

Le mélange de terres pour votre arbre sera composé de sable grossier et de tourbe en parts égales ou bien de T K S 1. Après un séjour de quelques semaines dans un endroit abrité et légèrement ombragé, il peut être accoutumé au soleil et recevoir son premier engrais au bout de 6 semaines environ.

La meilleure période de rempotage est le printemps. Les jeunes plants devraient être transplantés tous les deux ans et être peu à peu habitués à la terre à bonsaï. Les formes bonsaï s'obtiennent par la taille et le ligaturage. Avant de commencer leur réalisation, ayez en tête l'aspect que vous voulez donner à votre arbre

Un érable du Japon à 4, 6, 8 et 15 ans.

miniature. Le printemps est la période propice à la taille que vous commencerez en général au cours de la deuxième année. Tous les bourgeons et pousses prenant une direction non souhaitée seront retirés; les bourgeons pincés et les pousses coupées à l'aide de ciseaux aiguisés, au-dessus de l'insertion foliaire.

En coupant la tête de l'arbre, les pousses latérales se développeront davantage. La ramure deviendra plus compacte si vous élaguez régulièrement, non seulement la tête, mais aussi toutes les pousses. La plupart des feuillus peuvent être formés sans ligature car une taille judicieuse peut déterminer la direction de croissance des pousses latérales.

Réalisation d'une forme Moyôgi à partir d'un plant

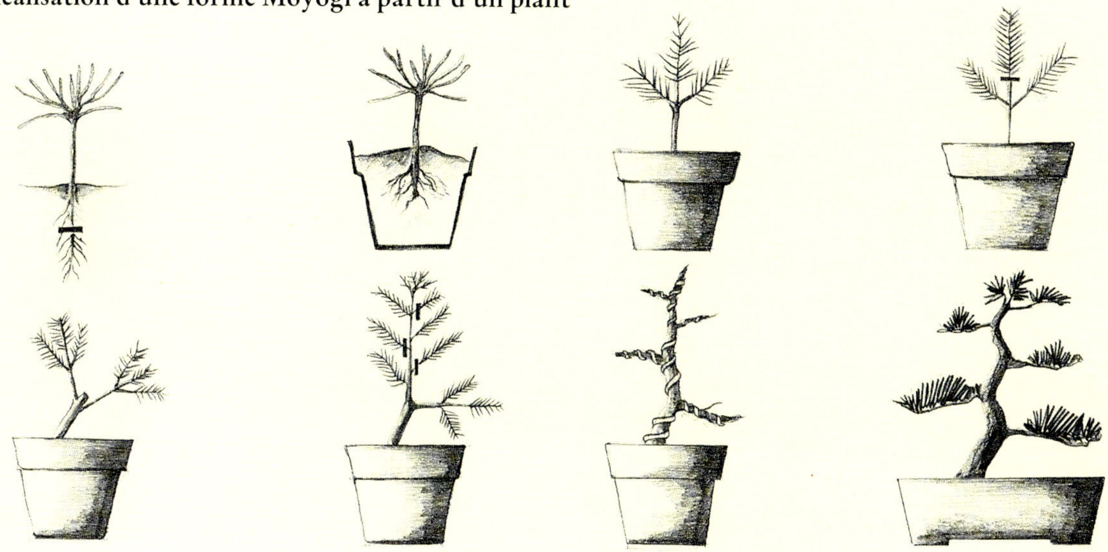

Retirer le pivot d'un pin avant la mise en pot. Après l'apparition des premiers jets latéraux, la tige peut être coupée.
Lors du rempotage suivant, placer le plant en biais. au cours des années suivantes, de plus en plus de branches se développeront. On coupera celles qui gênent.

À lâge de 3 à 5 ans, on ligature le plant pour lui donner sa forme définitive. Veiller à ce moment-là à ce que les fils entourent les branches jusqu'au bout, en spirale.
Rempoter alors le pin dans un pot à bonsaï.

On coupe la branche au-dessus des bourgeons: chaque bourgeon indique, de sa pointe, la direction de croissance d'un futur rameau, encore invisible sur les minuscules bourgeons dormants.
La forme de l'arbre se précisant peu à peu, vous entrevoyez les nombreuses possibilités de formes à réaliser. Vous trouverez pp. 16 et 18 les formes principales, et d'une manière plus détaillée ci-dessus et p. 52 les détails pour la forme moyôgi, et p. 75 pour la forme kengaï.
Mais, si vous voulez obtenir une forme en balai, ne coupez la tige principale que lorsque le tronc de votre arbre aura atteint la taille voulue, car cette suppression fixe définitivement la hauteur du tronc. C'est alors que toutes les pousses latérales peuvent se développer d'une façon égale. Ceci a pour effet de renforcer le tronc. Les annés suivantes, la couronne se développe grâce à l'élagage constant des nouvelles pousses, cf. croquis p. 72.
Au bout de 3 à 4 ans, le tronc et les branches charpentières peuvent être déjà ligaturés, ce qui est souvent indispensable chez les conifères. A l'âge de 5 à 6 ans, le jeune plant qui est devenu entre temps un petit arbre sera planté dans une coupe à bonsaï.

Réalisation d'une forme en balai à partir d'un jeune plant

L'arbre est mis en pot après la taille des racines. Sa tige principale est alors retirée dès que le tronc a atteint la taille voulue. L'élagage permanent conduit à la formation d'une couronne très ramifiée. Pendant 1 à 2 mois, juste avant la montée de la sève, attacher les branches en forme de balai à l'aide d'un cordon. Cette opération évitera une croissance trop horizontale et vous obtiendrez ainsi votre forme en balai.

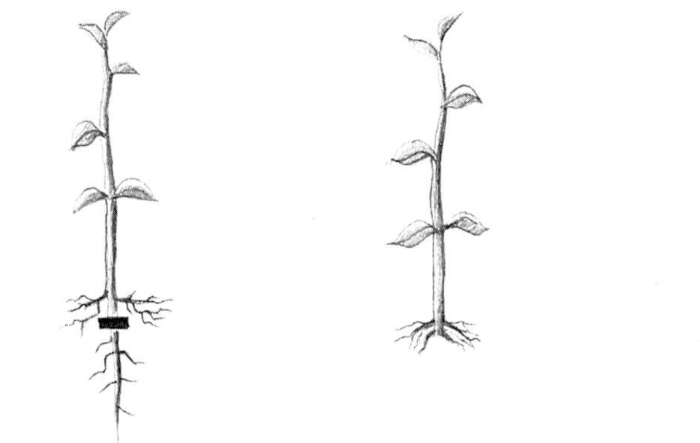

Zelkova,
zelkova carpinifolia.
Forme en balai – Hokidachi.
Taille 30 cm, âge env. 15 ans.
Un bonsaï fascinant dans
sa parure d'automne.

Bonsaï à partir de plants de pépinière

Presque toutes les plants vendus dans les pépinières et les centres horticoles conviennent à la transformation en bonsaï, en particulier les espèces à petites feuilles, à croissance lente et à port compact. Cf. tableau p. 182 et suivantes. La meilleure période pour transformer en bonsaï un plant de pépinière est le début du printemps, juste avant la montée de la sève, et à nouveau à l'automne après la chute des feuilles et la fin de la période de végétation, c'est à dire fin septembre au plus tôt.

Avant de faire son choix, il faut déjà avoir en tête la future forme de votre arbre. Vérifiez la position des branches et leur grosseur qui doit aller en s'effilant vers le haut.

En grattant avec les doigts un peu de terre autour du tronc, vous pouvez vérifier si la base du tronc est vraiment belle et si le tronc lui même croît en s'effilant, et s'il ne présente ni courbe ni coude difficilement rectifiable par la suite.

Si vous avez choisi un plant en récipient, coupez chez vous le bord du récipient de haut en bas afin de pouvoir facilement retirer la terre de la base de la motte. Pour les plants emballés, retirez simplement l'enveloppe.

Émondez ensuite votre plant, c'est à dire, retirez ses ramilles mortes ou inutiles. Pour les conifères, pincez les aiguilles et les petit rejets poussant directement sur le tronc. Maintenant vous pouvez regarder votre petit arbre de plus près, mieux découvrir l'orientation du tronc et des branches et décider de la meilleure forme à lui donner. Avant de trop raccourcir une branche, masquez-la de la main pour juger de son importance par rapport à la forme générale.

Coupez ensuite les branches à ras du tronc afin que la cicatrice soit bien nette. Supprimez les grosses branches à l'aide de ciseaux concaves. Rebouchez la section avec du mastic à greffer pour faciliter la cicatrisation.

Afin d'obtenir de bonnes proportions lors de la réalisation, respectez les règles suivantes:

Dégagez le tiers inférieur du tronc de la plupart de ses branches, ce qui le mettra bien mieux en valeur: les branches charpentières dominent dans le 2ème tiers et dans le tiers supérieur, les plus petites s'amenuisent jusqu'à la cime. Vous trouverez les instructions détaillées pour la taille des branches p. 80.

Après cette taille, vous pouvez mettre votre arbuste dans une coupe à bonsaï, les racines ayant été raccourcies d'1 tiers. Voir le rempotage p. 127.

Ces opérations ont beaucoup affaibli votre arbre et il est recommandé de retarder la ligature jusqu'à ce qu'il ait formé de nouvelles racines, ce qui indique qu'il a récupéré. Placez d'abord l'arbre dans un endroit à l'abri du vent et du soleil, et, pendant les premières semaines traitez-le comme un bonsaï récemment rempoté.

Réalisation d'une forme Kengaï à partir d'un plant de pépinière

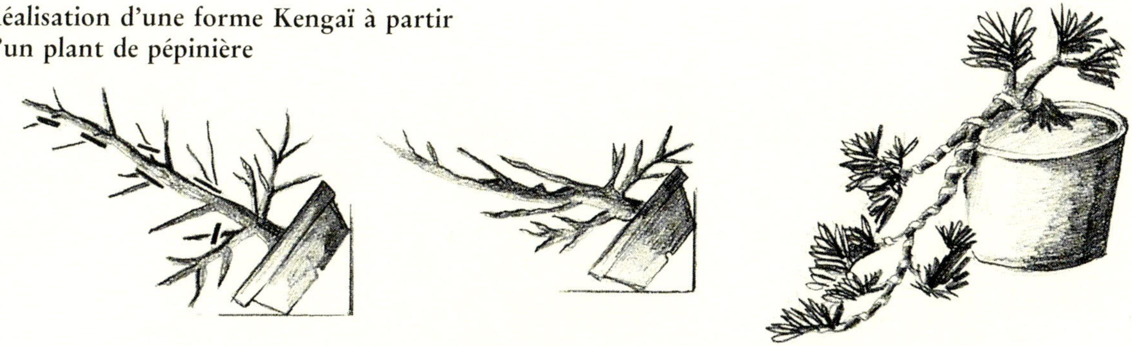

Ce cèdre de l'Atlas, cedrus atlantica glauca, taille 55 cm, âge 8 ans, se prête particulièrement bien à la mise en forme moyôgi.

Les branches superflues ont été supprimées et les deux branches inférieures préparées pour le «jin» (cf. pp. 95 et 96). La motte a été réduite des 2/3, puis le cèdre, ligaturé et arrimé dans son pot.

Réalisation d'une forme Chokkan à partir d'un plant de pépinière

a) Juniperus chinensis «Monarch», genévrier de 4 ans avant sa mise en forme rigoureusement verticale.

b) Le tronc et les branches ont été émondées, les branches gênantes coupées aux ciseaux.

c) Le tronc et les branches ont été ligaturées et rectifiées.

d) Le jeune bonsaï a été placé dans une coupe appropriée et la terre recouverte de mousse.

a

b

c

d

Mise en forme Ikada d'une épinette blanche de 6 ans et de 50 cm. Grande coupe de 50 x 35 cm et l'outillage nécessaire.

Passer d'abord les fils dans le grillage, au-dessus des trous de drainage. Fixer les bouts de bois qui maintiendront le tronc horizontal.

L'épinette blanche est étêtée. Retirer toutes les branches de la face du tronc qui sera enterrée, ainsi que les branches inutiles.

Tailler alors énergiquement les racines et ligaturer toutes les branches en position verticale. Si le tronc reçoit 2 ou 3 entailles par dessous, les racines se développeront plus rapidement. Au prochain rempotage, 2 ou 3 ans plus tard, la vieille motte de racines peut encore être rognée, au cas où elle ressortirait de la terre.

Placer alors le plant dans la coupe préparée, le fixer et le recouvrir de terre à bonsaï. Enfin, garnir de mousse et arroser copieusement.

Création d'un Bonsaï

L'objectif de la création d'un bonsaï est de transformer un jeune plant ou un sauvageon en vrai bonsaï. La tradition centenaire de l'art bonsaï des Japonais est, à cet égard, un excellent exemple digne d'être imité.

Cependant rien n'empêche l'amateur européen de rechercher sa méthode propre et des formes ou modèles nouveaux correspondant à ses goûts. Mais dans tous les cas, il faudra respecter la règle d'or des maîtres japonais:

Le bonsaï doit avoir un aspect naturel, c'est-à-dire qu'il ne doit pas s'écarter des formes typiques que l'on trouve dans la nature.

De nombreux amateurs de bonsaï collectionnent des photos ou font des croquis d'arbres ou de groupes d'arbres qui leur servent de modèles pour réaliser leurs bonsaï. (Les expositions de bonsaï, les guides et les cours qui sont déjà dispensés régulièrement dans certaines villes d'Allemagne, par exemple, sont autant de sources d'inspiration.)

La nature restant toujours le modèle à imiter, on ne peut donc pas parler de dressage, qui ne serait pas naturel, comme c'était le cas aux époques Renaissance et Baroque, pour les tailles de haies et d'arbres dans certains styles de jardins. L'art du bonsaï ne consiste donc pas à imposer aux arbres une forme artificielle. C'est pourquoi les arbres à port vertical, tels les ormes et les cyprès, ne se prêtent pas aux formes en cascade comme les pins et les genévriers.

Deux facteurs sont décisifs pour la croissance au ralenti d'un arbre: d'abord la taille du récipient qui limite la formation des racines et la nutrition, ensuite l'élagage constant des branches, des rameaux et des racines, ainsi que le pincement des pousses et des bourgeons. Il existe aussi des formes miniaturisées, dans la nature comme par exemple en haute montagne, où le biotope provoque également le nanisme, ce qui n'empêche pas ces arbres d'avoir un aspect naturel, sain et vigoureux.

Vous pourrez lire plus loin comment on peut influer sur la forme d'un bonsaï. Le choix du récipient est tout aussi important que la taille et les formes de l'arbre. Le ligaturage et d'autres procédés correctifs permettent aussi de transformer un arbre en bonsaï.

Cet épicéa de Yeso, picea jezoensis, a été trouvé voici 50 ans à proximité d'Hokkaïdo et transformé en bonsaï. Il a probablement plus de 150 ans et mesure 75 cm de haut.

Les récipients à bonsaï

Les racines, le tronc, les rameaux et les feuilles d'un vrai bonsaï doivent former un ensemble bien proportionné. L'arbuste, la terre (recouverte de mousse ou de petites herbes) ainsi que le récipient doivent être en parfaite harmonie.

Les bonsaï à port vertical doivent être plantés dans des coupes rectangulaires ou ovales. Une forme penchée comme la «cascade» doit être équilibrée par une coupe profonde ronde ou carrée. De même, la forme doit correspondre à l'allure générale de l'arbre: un arbre alourdi par une couronne dense nécessite un récipient assez grand. Il faut choisir également une couleur adaptée. Les espèces florifères et celles aux feuilles vert clair s'harmonisent avec des pots vernissés aux couleurs claires. Un feuillage sombre se marie avec un récipient rouge, gris ou brun foncé. Choisissez la coupe de façon à ce que sa longueur représente environ les 2 tiers de la hauteur de l'arbre lorsqu'il s'agit d'un bonsaï solitaire. Pour les plantations en groupes, basez-vous sur les 2 tiers environ de la hauteur de l'arbre le plus grand.

Il vous sera plus facile de faire un bon choix de coupe à bonsaï, si vous avez formé votre propre goût et votre sens esthétique en admirant des modèles réussis de l'art bonsaï.

Les coupes à bonsaï qui sont en vente dans le commerce spécialisé, proviennent en général du Japon et de Chine. Vous y trouverez un assez grand choix de récipients aux formes. aux couleurs et aux tailles variées. Cela peut paraître long et fastidieux de choisir celle qui convient, mais cela en vaut largement la peine.

Coupes vernissées

Coupes non vernissées

Coupes faites à la main et signées, particulièrement belles provenant de Tokoname, Japon.

Coupes chinoises anciennes.

La taille

L'opération la plus importante pour un bonsaï est la taille. Celle-ci vous permet d'obtenir la forme de base de votre bonsaï, forme que vous pourrez éventuellement améliorer grâce à d'autres méthodes telles que le ligaturage.

La taille régulière de mise en forme comprend l'émondage des petits rameaux et la suppression des bourgeons et des nouveaux jets. C'est donc un travail répétitif qui stabilise la forme de votre bonsaï, et aussi un travail de fignolage. Comme outils, vous aurez besoin de gros ciseaux, de ciseaux fins et d'une petite scie pour les grosses branches. Les ciseaux spéciaux à bonsaï permettent d'atteindre tous les endroits du petit arbre. La taille des branches et la réalisation requièrent un peu d'habileté. Mais la patience et le désir d'apprendre vous amèneront sans nul doute à obtenir de bons résultats.

Le tableau p. 182 et suivantes vous indique le bon moment et la périodicité des travaux chez les espèces courantes de bonsaï.

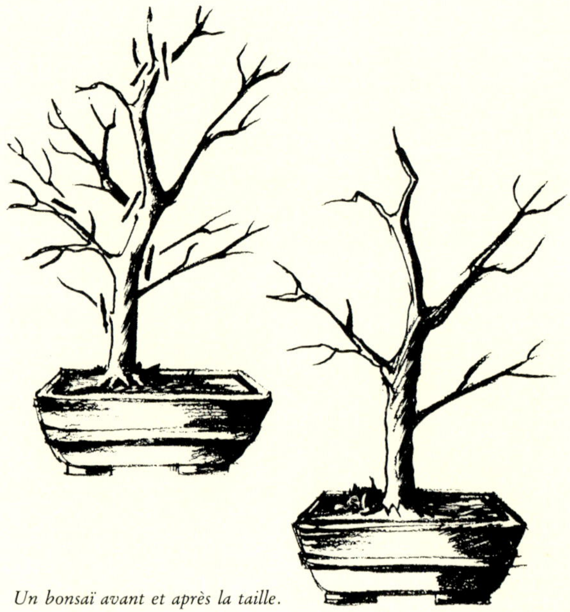

Un bonsaï avant et après la taille.

Taille des branches

Si vous désirez transformer en bonsaï un petit arbre que ce soit un sauvageon ou une plant de pépinière, il faudra avoir, ainsi que cela a été déjà dit, une idée de la forme future dès ce stade.

En principe, coupez à ras du tronc une branche sur deux lorsqu'elles sont situées à la même hauteur, soit en opposition, soit à l'avant ou juxtaposées. Les branches concernées sont marquées en pointillé sur le croquis ci-contre. De même coupez les branches latérales qui montent et descendent à la verticale ou bien qui chevauchent le tronc. La section doit être nette ou légérement concave pour faciliter la cicatrisation. Il existe une pince spéciale pour cette section concave.

Supprimer toutes les branches en pointillé.

Couper une grosse branche avec une scie.

Après une section grossière, scier les moignons à ras du tronc.

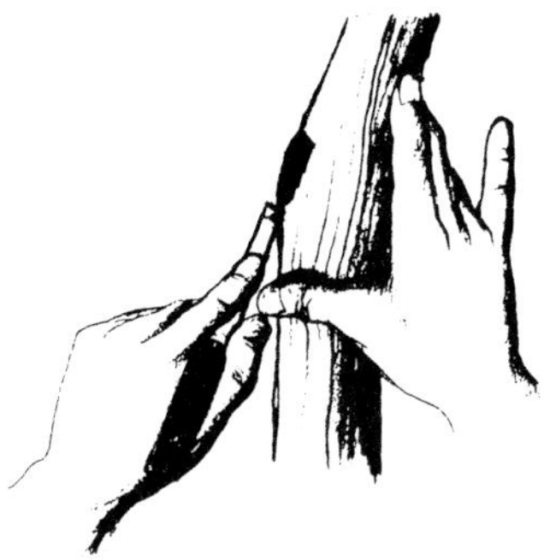

Pour une meilleure cicatrisation, évider légèrement avec un ciseau.

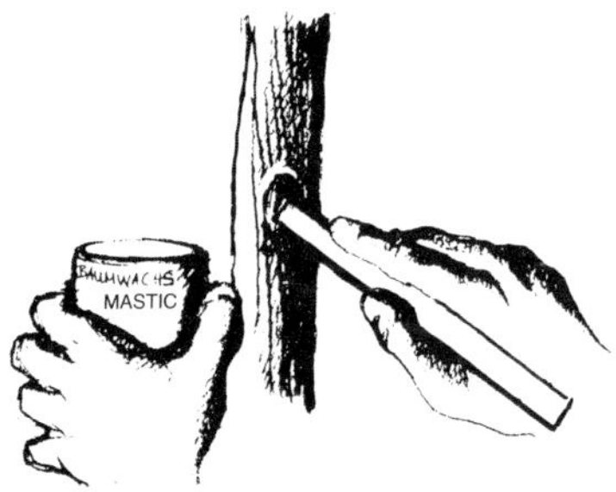

Boucher au mastic.

La cime de n'importe quel arbre peut être rectifiée lorsqu'elle est devenue trop longue ou lorsque sa pointe s'est cassée et aussi lorsque l'on veut remodeler l'arbre. Exemple d'un genévrier qui a été amputé d'1/3 (juniperus squamata).

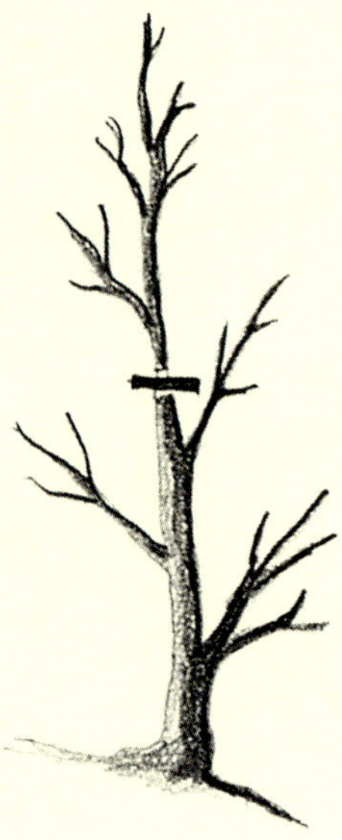

Ce beau bonsaï feuillu, vu d'en haut, présente une couronne finement ramifiée dont très peu de branches en cachent d'autres.

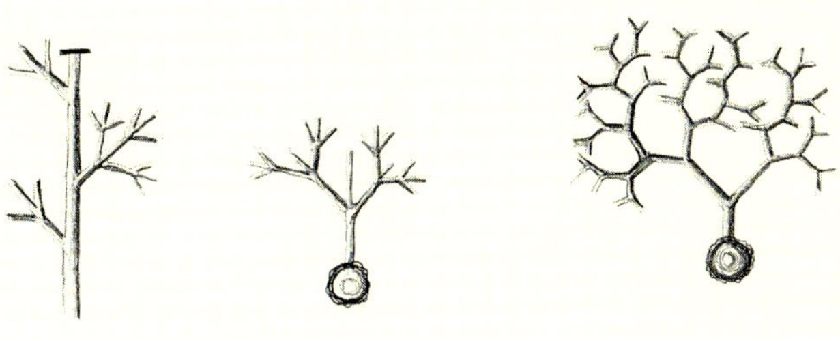

En rabattant bien tous les jets, on peut obtenir progressivement une couronne à ramure fine.

Taille des pousses et taille de mise en forme

Si vous laissiez se développer librement les pousses d'un bonsaï, la couronne s'écarterait bientôt de la forme recherchée et deviendrait trop épaisse dans sa partie supérieure. De plus, les rameaux inférieurs dépériraient car la sève se dirige d'abord vers la cime. C'est pourquoi il vous faudra tailler sans cesse chaque nouvelle pousse afin de freiner la croissance en longueur et mieux la répartir sur l'ensemble de la ramure. La fréquence de cette opération dépend de l'espèce. Certaines ne reprennent qu'une seule fois au printemps, d'autres poussent pendant toute la période de croissance et doivent par conséquent être taillées jusqu'à l'automne.

A cet égard, la forme d'arbre que vous avez choisie détermine l'importance et l'endroit de la taille des nouvelles pousses. Celles-ci doivent se développer là où vous désirez voir pousser une nouvelle branche. En rabattant fréquemment, vous obtiendrez une couronne plus ramifiée et des feuilles plus petites qui embelliront plus particulièrement vos feuillus: variétés d'érables, charmes, ormes, zelkovas, et bonsaï d'intérieur. Chez les conifères aussi, c'est en taillant que vous obtiendrez la forme voulue et la formation d'aiguilles plus courtes. Tous les bonsaï à fleurs ne sont rabattus qu'après la floraison.

Dans le chapitre suivant, vous trouverez une description détaillée de la mise en forme chez les espèces les plus importantes.

Pins noirs de Thunberg et var. À écorce épaisse, pins à feuilles serrées, et autres espèces de pins à 2 aiguilles

Ces variétés de pins ont des formes robustes et rudes et de longues aiguilles vertes. Ils placent l'amateur de bonsaï devant la tâche apparemment difficile qui consiste à raccourcir les aiguilles trop longues par rapport à la taille de l'arbre.

De la mi-juin au début juillet, lorsque toutes les ramules de l'année se sont complètement déployées, il faut peu à peu les éliminer toutes avec des ciseaux fins à bonsaï.

Taille des ramules chez les pins à 2 aiguilles.

Contrairement au pin blanc du Japon, coupez d'abord les courtes et, une semaine plus tard, les longues. Vous obtiendrez ainsi un allongement régulier de toutes celles qui viennent de pousser, avantageant de cette façon les plus lentes. A la suite de quoi, les arbres en émettent de nouvelles bien plus courtes et souvent plus nombreuses que celles qui ont été retirées.

Si plusieurs reprennent aux endroits sectionnés, gardez-en 2 et pincez totalement les autres entre le pouce et l'index, sinon la couronne deviendrait trop fournie.

On peut aussi supprimer les aiguilles en octobre, afin que les rameaux inférieurs prennent d'avantage la lumière et le soleil (voir croquis ci-dessus).

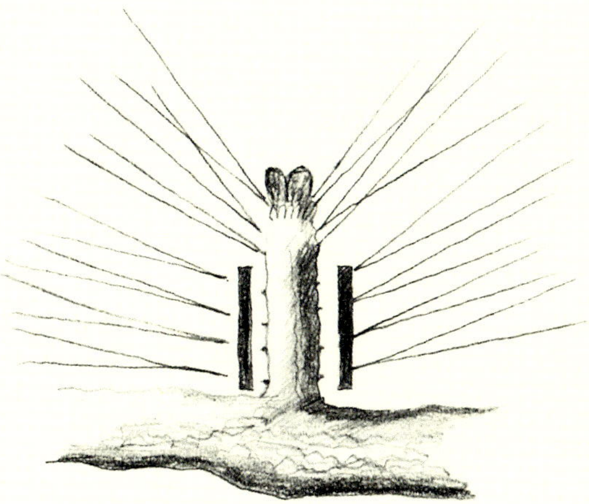

En octobre, chez les espèces de pins à 2 aiguilles, on ne laisse que 5 à 6 paires d'aiguilles, après avoir coupé toutes les autres.

Pins blancs du Japon

Ils ont des aiguilles quinées et font des bonsaï très appréciés en raison de leur port élégant et de leurs aiguilles courtes. La couleur des aiguilles des plants varie entre le vert et le bleu et présente chez les sujets greffés un bleu acier très recherché. Au printemps, chaque rameau de ces variétés de pins fournit à son extrémité 1 à 6 bourgeons nouveaux, en sa partie médiane 2 ou plus, et à sa base seulement 1 ou 2.

Ces bourgeons peuvent être pincés d'un à deux tiers, juste avant leur éclosion. On peut encore les enlever facilement et complètement car ils n'ont pas encore durci. Ne pas utiliser de ciseaux car ils pourraient blesser les bases tendres des aiguilles, ce qui provoquerait un brunissement des pointes. Si la couronne de votre arbre est assez dense, laissez les 2 bourgeons les plus courts de la touffe et éliminez tous les autres. Si, en revanche, vous voulez épaissir votre pin blanc, laissez les trois plus courts.

Comme ces bourgeons poussent à des vitesses différentes, il faut, au cours des 2 à 3 semaines suivantes, égaliser les plus longs sur les plus courts (voir croquis).

Ces opérations permettent de transformer les pins blancs du Japon en une boule compacte, et semi-circulaire. En octobre, il faudra aussi épiler les vieilles aiguilles afin de laisser suffisamment de lumière et d'air aux branches inférieures.

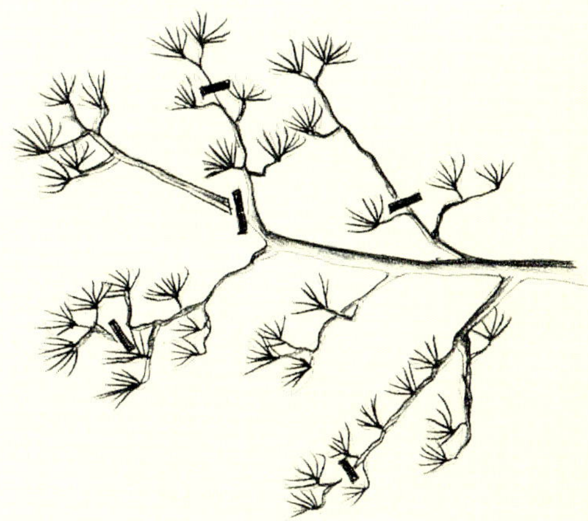

En octobre, chez toutes les espèces de pins, les branches longues peuvent être élaguées.

Section des bourgeons chez les pins blancs du Japon

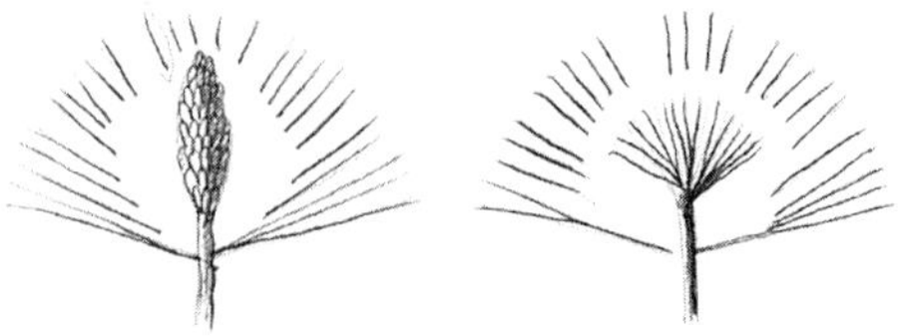

Rameau à 1 bourgeon

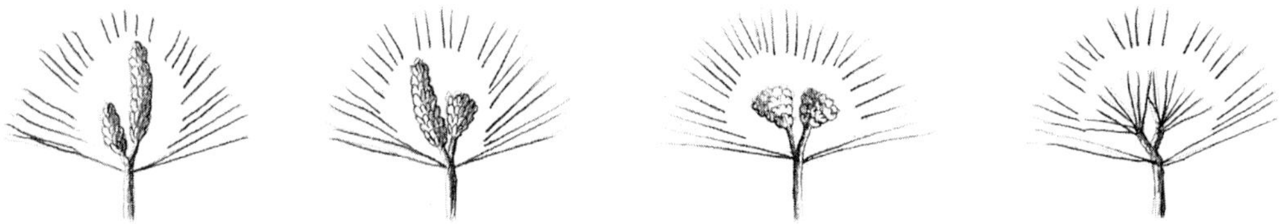

Rameau à 2 bourgeons

Rameau à 3 bourgeons

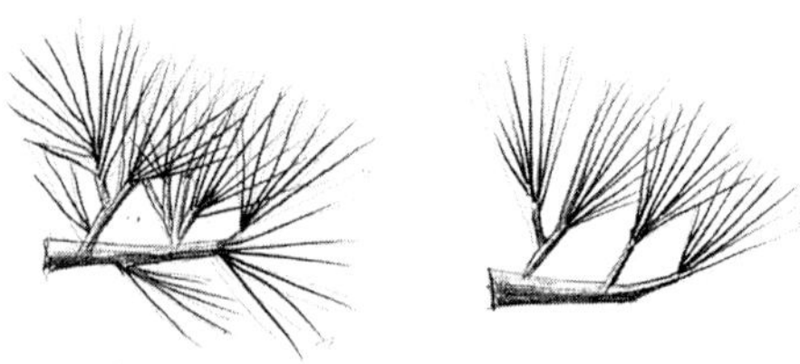

En octobre, il faut épiler à la main les vieilles aiguilles des pins blancs.

Épicéa de Yeso (picea ajanensis) et tous les autres épicéas

Chez les épicéas bruns, les nouvelles pousses encore tendres de 2 cm de long sont pincées sur 1 cm par un léger mouvement tournant des doigts. Ce travail s'étend environ sur 4 semaines, les pousses ayant un développement variable. Pour les arbres chétifs, ne pincez que les nouvelles pousses des branches les plus grosses. Pendant cette période, vaporisez l'arbre assez souvent et placez-le dans un endroit ombragé.

Ifs, genévriers rigides, mélèzes, cryptomérias du Japon, cèdres

Les bourgeons doivent être raccourcis dès qu'ils commencent à se développer. Et lorsqu'ils mesurent environ 1 à 2 cm, ils sont encore réduits de moitié. Chez les sujets jeunes et chétifs, on ne raccourcira que les nouvelles pousses sur les branches les plus fortes. C'est à ce moment-là qu'il faudra vaporiser les plantes assez souvent et les mettre un peu à l'ombre.

Genévriers de Chine, chamaecyparis, et cyprès

Ces conifères produisent aussi des pousses courtes, qui doivent être pincées constamment du printemps à l'automne en ne gardant toujours qu'une petite partie de pousse (voir croquis ci-contre). De plus, il faudra supprimer aussitôt les rejets naissants sur les grosses branches et directement sur le tronc des genévriers. Le pincement active la croissance de la plante et devrait être de moins en moins fréquent à l'approche de l'automne pour lui permettre d'arrêter sa croissance avant les premiers gels.

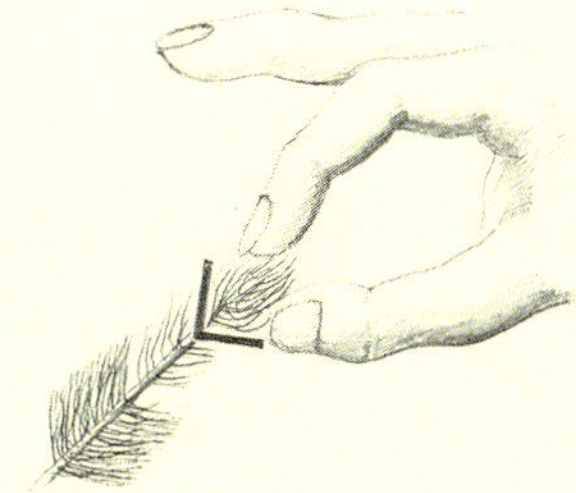

Les pousses encore tendres des épicéas sont raccourcies d'1 cm.

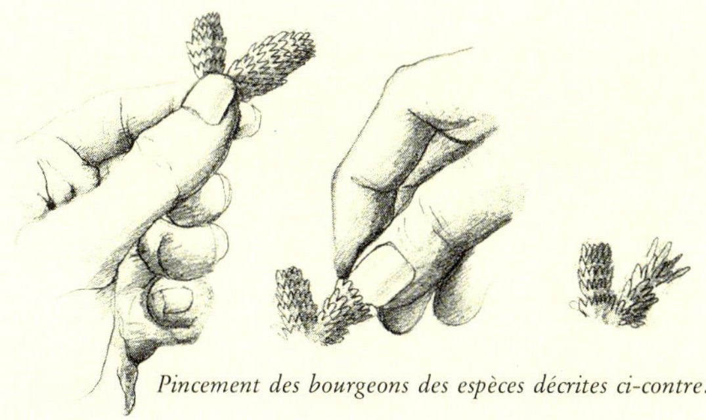

Pincement des bourgeons des espèces décrites ci-contre.

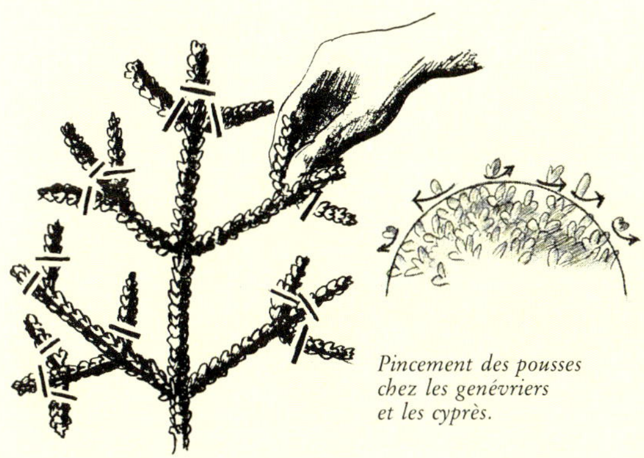

Pincement des pousses chez les genévriers et les cyprès.

Pruche de l'Est (ou tsuga du Canada)
Les nouvelles pousses ne sont réduites qu'une seule fois, de mai à juin, à 1 ou 2 cm.

Variétés d'érables, ormes, zelkovas, micocouliers
Les pousses de ces feuillus seront coupées du printemps à la fin de l'été en gardant chez les jeunes sujets 2 à 3 insertions foliaires, et chez les plus âgés une seule paire de feuilles. Toutes les pointes des pousses futures seront éliminées à l'aide d'une pincette. Aux aisselles des feuilles se forment alors deux nouveaux jets auxquels vous ne laisserez encore qu'une paire de feuilles et dont vous supprimerez les pointes. De cette façon, vous obtiendrez une belle ramification de la couronne de votre arbre.
La croissance très rapide de certaines branches peut être ralentie en enlevant les pointes des bourgeons et en même temps, les feuilles des nouvelles pousses.

Jasmin d'hiver
Réduire les pousses fanées à 1 ou 2 paires de feuilles, et en juillet, les nouvelles à 2 ou 3 paires. En septembre, raccourcir encore les pousses trop longues.

Magnolias
Après la floraison, réduire les petites branches à 2 ou 3 feuilles. En octobre, ramenez les rameaux trop longs dépourvus de fleurs à la longueur des rameaux à fleurs.

Croquis d'une taille correcte pour la forme en balai.

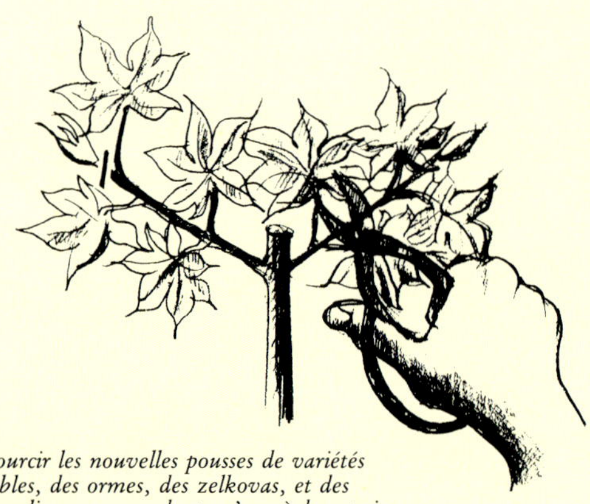

Raccourcir les nouvelles pousses de variétés d'érables, des ormes, des zelkovas, et des micocouliers en ne gardant qu'une à deux paires de feuilles.

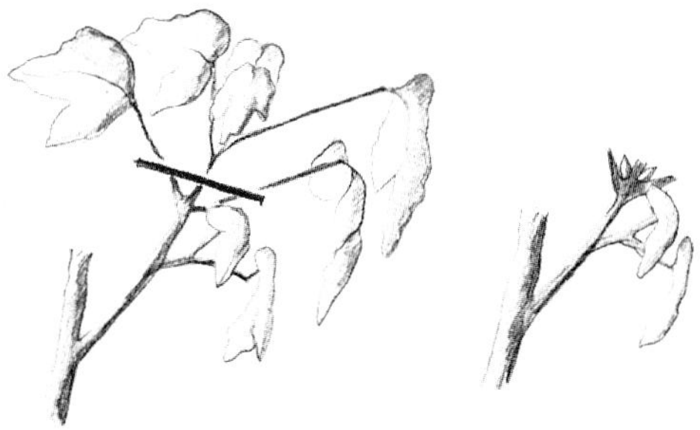

Section simultanée de rameaux et de feuilles sur des branches à croissance rapide.

Éborgeonnement des vieux sujets. Plus tôt il aura lieu, plus la ramification sera fine.

Ce croquis montre la taille des pousses à insertions foliaires trop espacées. La nouvelle pousse émettra des feuilles plus petites et plus rapprochées.

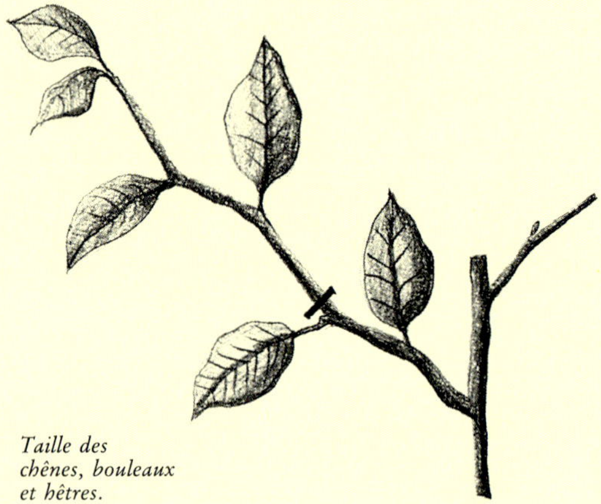

Taille des chênes, bouleaux et hêtres.

Bouleaux, chênes, charmes et hêtres
Ces feuillus croissent plus lentement et leurs rameaux devraient toujours être réduits aux ciseaux à 1 ou 2 paires de feuilles dès qu'ils en ont émis 4 ou 5.

Abricotiers, cerisiers, pêchers
Lorsque les fleurs sont tombées, les rameaux seront réduits à 2 ou 3 yeux à bois; les restes de la fleur seront entièrement retirés, car chez l'abricotier, à l'inverse du pommier, il n'ya aucun intérêt à obtenir des fruits qui affaibliraient l'arbre. Cette taille préserve aussi la forme de l'arbre. Il faudra alors distinguer parmi les nouvelles pousses: d'une part celles à fleurs à croissance lente qui ont déjà formé des bourgeons pour la floraison de l'année suivante, et qui n'ont, par conséquent, pas besoin d'être raccourcies; de l'autre, celles plus longues que vous devriez raccourcir légèrement en juillet. D'ailleurs, le tronc des arbres à fleurs émet souvent des rejets qu'il faudra supprimer aussitôt. En octobre, toutes les pousses seront, encore une fois, réduites à 4 ou 5 yeux.
Pour la fécondation des fleurs, il est important de placer les arbres en un endroit accessible aux insectes. Sinon, vous devrez saupoudrer leurs fleurs avec une fleur dont les anthères soient mûres.

Taille des abricotiers. Après la floraison, les pousses sont réduites à 2 ou 3 yeux.

Pommiers, poiriers, et autres bonsaï à fruits
Après la floraison, les arbres forment de nouvelles pousses qu'il faudra réduire à 2 yeux en juillet. Si la croissance continue après cette taille, supprimez la totalité des pousses tardives ou réduisez-les à un seul œil. Pour assurer la fécondation des fleurs, retirez une fleur et faites tomber son pollen sur les autres.

Azalées, grenadiers, camélias
Ils peuvent être cultivés comme des bonsaï d'intérieur et sont décrits en détails à partir de la page 162.

Néfliers
Les nouvelles pousses peuvent être souvent raccourcies du printemps à la fin de l'automne jusqu'à 2 ou 3 yeux à bois.

Saules
Au début du printemps, avant la montée de la sève, réduire les rameaux à 2 yeux à bois. Pendant la croissance, ne réduire les jeunes pousses que si la forme de l'arbre l'exige.

Aubépine
En juin, raccourcir les nouvelles pousses de 2 à 3 cm; en septembre faire de même avec les plus longues.

Oliviers de Bohême
En mai, réduire les nouvelles pousses à 2 ou 3 feuilles et raccourcir encore en juin jusqu'à 1 ou 2 feuilles. En septembre ou en mars, élaguer les branches gênantes.

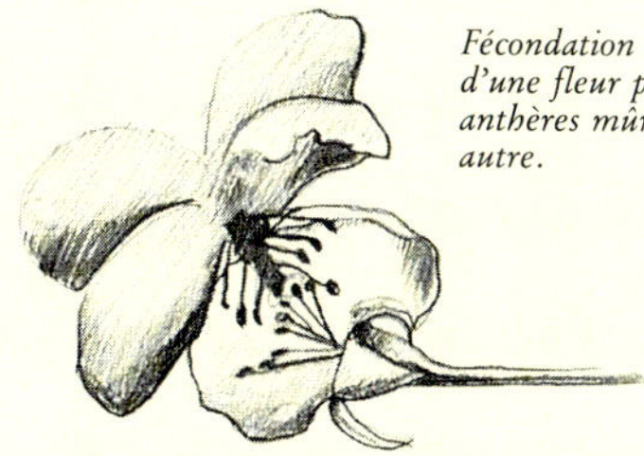

Fécondation manuelle d'une fleur par les anthères mûres d'une autre.

Taille des jeunes azalées.

Aprés la floraison, les pousses des grenadiers sont réduites à 1 ou 2 paires de feuilles.

Gardénias
Après la floraison, réduire toutes les pousses à 2 ou 3 yeux et en juillet encore à 2 ou 3 paires de feuilles. Ils peuvent être élevés comme bonsaï d'intérieur.

Berbéris
Jusqu'en septembre, réduire régulièrement les nouvelles pousses à 1 ou 2 paires de feuilles, dès qu'elles en auront formé 4 à 6.

Cognassiers du japon
Ne rempoter qu'en automne, car le rempotage de printemps entraîne souvent une maladie des racines. En septembre aussi, réduire les pousses sans bourgeons à fleurs à 2 à 3 insertions foliaires, et à 1 ou 2 chez les vieux arbres. Au printemps, après la floraison, réduire à 1 ou 2 yeux les pousses ayant donné des fleurs. En septembre, réduire encore à 4 ou 5 yeux.

Fusain
Après la chute des feuilles ou avant le départ de la végétation, rabattre toutes les pousses jusqu'à 2 insertions foliaires. Ensuite ne raccourcir les pousses les plus longues qu'à la fin de l'été.

Forsythias
Après la floraison, rabattre les pousses à fleurs à 1 ou 2 paires de feuilles; en juillet, raccourcir les nouvelles pousses à 3 ou 4 paires de feuilles.

Buisson ardent
Le buisson ardent fleurit en été. En avril, réduire les nouvelles pousses à 2 ou 3 paires de feuilles. La longueur des pousses tardives sera mise à la même longueur que les pousses à fleurs.

Glycine
Elle fleurit plus facilement, lorsque, tous les ans, avant la pousse, elle est rempotée et que ses racines sont raccourcies. Vers le mois de juin, rabattre les nouvelles pousses à 3 ou 4 yeux.

Ginkgo
Laissez pousser les nouvelles pousses des jeunes ginkgos jusqu'à 6 à 8 feuilles et réduire ensuite à 4 ou 5 feuilles. Chez les vieux sujets, réduire à 1 ou 2 feuilles.

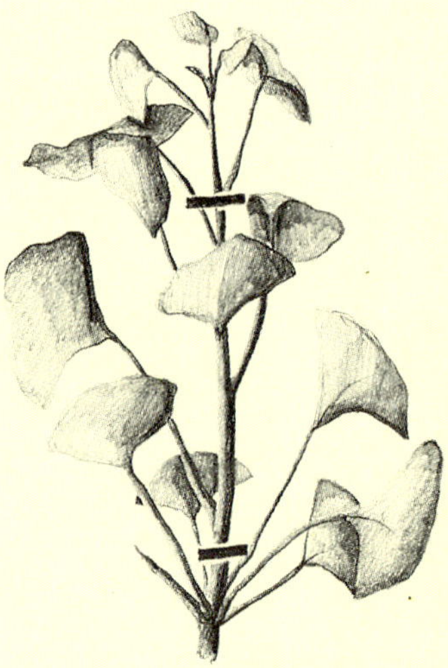

Chez les jeunes ginkgos, le jet est rabattu à 4 ou 5 feuilles, chez les vieux, à 1 ou 2 feuilles.

Taille des feuilles

Tout amateur de bonsaï veille à l'harmonie entre feuilles, branches et tronc. Ces proportions sont faciles à obtenir avec les bonsaï à petites feuilles. Mais chez les autres feuillus, comme par exemple les hêtres et les érables, les grandes feuilles peuvent déparer. Il existe diverses possibilités de rendre les feuilles plus petites.

En juin, si les arbres sont sains et vigoureux et lorsque les feuilles se sont développées, vous pouvez couper celles-ci aux ciseaux. L'arbre subit alors un automne artificiel et émet bientôt de nouvelles pousses avec des feuilles plus petites que les précédentes. Chez les feuillus longuement pétiolés, laissez le pétiole sur la branche afin de ménager l'arbre.

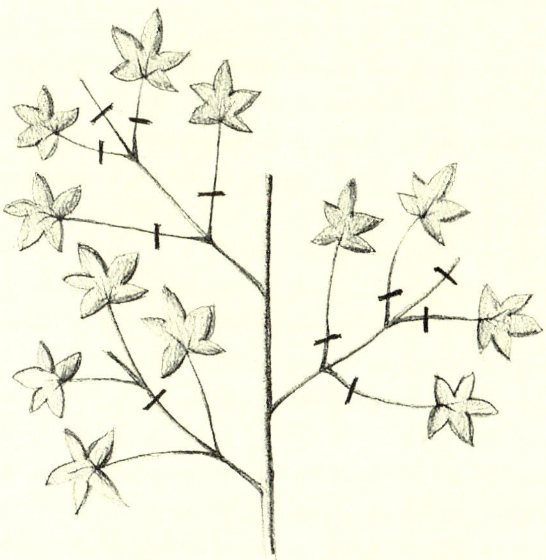

En coupant les feuilles, laisser si possible les pétioles sur la branche.

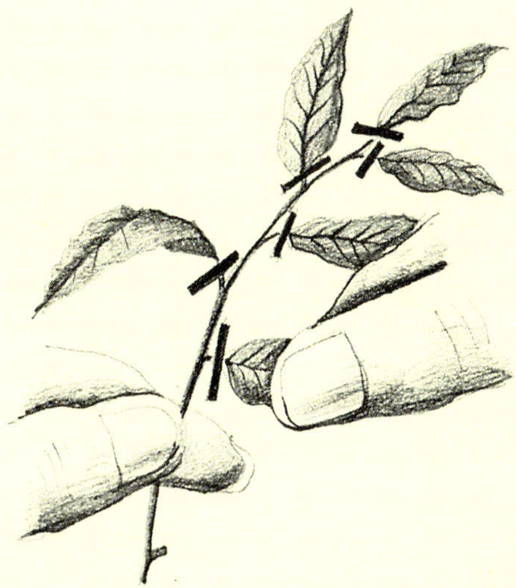

Chez les zelkovas, les feuilles peuvent être pincées.

Ceci n'est pas possible chez les feuillus courtement pétiolés auxquels la feuille sera arrachée directement de la branche.
Cette opération sera encore plus profitable pour votre bonsaï si vous effeuillez en 2 fois: d'abord la moitié, et 15 jours plus tard, le reste.
Il existe une autre méthode qui n'est pas recommandable: couper les feuilles en 2. D'abord, parce que cela enlaidit l'arbre et ensuite parce qu'il faut beaucoup de temps pour que les feuilles blessées tombent et que de nouvelles se forment. Une taille de feuilles ne devrait pas avoir lieu beaucoup plus tard qu'en juin, sinon nouvelles pousses et nouvelles feuilles s'épanouissent trop tard et l'arbre n'a plus assez de temps pour achever sa croissance avant l'hiver et il sera donc particulièrement sensible au gel. D'ailleurs une taille de feuilles effectuée à temps produira une couleur plus belle à l'automne.
Il est aussi recommandé de tailler les feuilles lorsque la couronne de l'arbre est devenue trop dense. Un excès de feuilles rend plus difficile la pénétration de la lumière ainsi que la circulation de l'air, au détriment des branches inférieures. C'est pourquoi il faudra enlever fréquemment les feuilles les plus grandes, pendant l'été, afin d'éclaircir la couronne.
L'effeuillage permet aussi d'agir sur la grosseur des branches: plus une branche est vigoureuse, plus elle porte de feuilles. La taille des feuilles l'affaiblira donc. Juste avant et après cette taille, ne donnez pas d'engrais. Mais en raison de l'évaporation moindre, arrosez un peu moins et mettez le bonsaï à l'ombre jusqu'à l'apparition de nouveaux bourgeons à bois.

Épaississement du tronc et des branches

Souvent le tronc d'un bonsaï paraît trop mince par rapport à la couronne. Alors il faudra se décider à faire épaissir le tronc. Ce sont les branches basses qui sont responsables de la grosseur du tronc. Ne les coupez donc que lorsque le tronc aura atteint la grosseur voulue.
Si vous ne voulez renforcer que le pied du tronc de votre bonsaï, garrottez-le au printemps avec un fil d'aluminium, au ras de la terre, comme sur le croquis ci-dessous.
Au-dessus de cet anneau, le tronc enfle assez rapidement. A l'automne suivant, retirez l'anneau car s'il serre trop l'arbre, il pourrait le faire mourir.
Si une branche paraît trop mince, vous pouvez l'épaissir en laissant se développer toutes les pousses et les feuilles. Une branche sera d'autant plus grosse qu'elle portera plus de feuillage, car le supplément nutritif qu'il lui faut, la fait grossir. Mais cet excès de végétation, qui peut sembler gênant, sera ensuite supprimé, dès que la branche aura atteint la grosseur désirée.

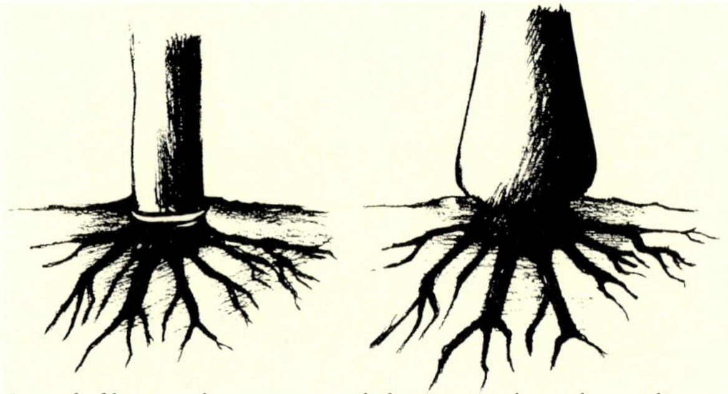

Serrer le fil autour de tronc, au ras de la terre. Au dessus de cette ligature, le tronc gonflera très vite.

Ce genévrier de Chine dans un vase antique chinois est un bel exemple de vieillissement artificiel; ce que les Japonais appellent «jin».

Vieillissement artificiel: jin, shari et sabamiki

La beauté et le caractère d'un arbre ne sont mis en valeur que lorsqu'il atteint un certain âge. Dans l'art du bonsaï, il existe des méthodes qui font paraître l'arbre plus vieux et corrigent en même temps des défauts de forme. Les Japonais distinguent à ce sujet entre «jin», «shari» et «sabamiki».

Jin

La méthode «jin» permet de maintenir les branches cassées et mortes dans l'aspect général de l'arbre. Au lieu de les couper, vous pouvez d'abord les écorcer, les épointer légèrement, les passer à la toile émeri et les badigeonner d'acide citrique dilué ou d'un produit décapant pour meuble, ce qui blanchira la branche et la protègera de la pourriture (cf. croquis).

Les bonsaï qui se sont trop allongés peuvent donner l'impression d'être plus courts si l'on enlève d'abord les feuilles ou les aiguilles de la cime de l'arbre. L'écorce de celui-ci sera retirée et traitée comme décrit plus haut. Tous les conifères et quelques feuillus se prêtent bien au «jin».

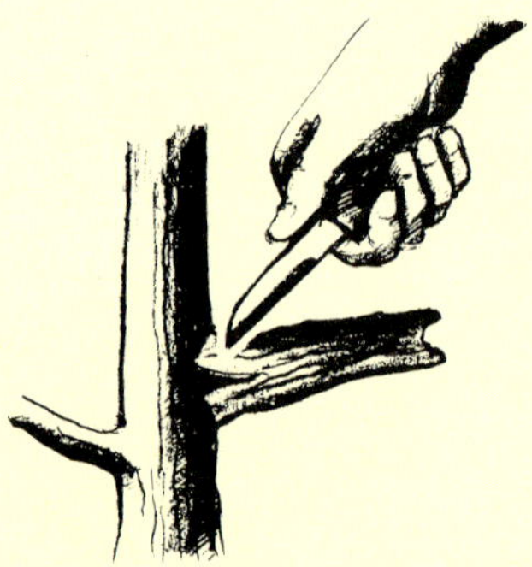

Écorcer avec un couteau.

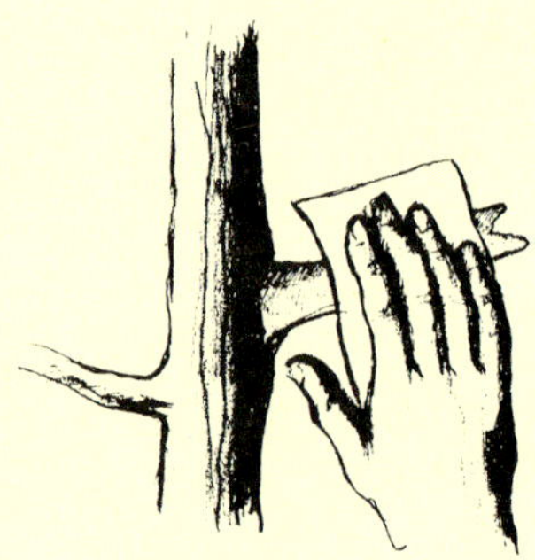

Le bois lisse, écorcé, est gratté au papier émeri et badigeonné d'acide citrique dilué.

Exemple réussi d'un raccourcissement de branche.

Shari

Avec la méthode «shari», on écorce des branches ou des troncs, parfois même une partie de racine à la forme caractéristique et visible. Cette technique d'écorçage donne aux arbres un aspect intéressant.

Retirez de haut en bas une bande étroite d'écorce sur le devant de l'arbre après l'avoir détachée suivant 2 entailles pratiquées en longueur. Utilisez à cet effet un couteau tranchant et polissez le bois avec de la toile émeri comme pour la méthode «jin». Appliquez ensuite de l'acide citrique ou un décapant à meuble. Faites-le soigneusement afin que le produit ne pénètre que dans les parties écorcées de l'arbre.

Sabamiki

La méthode «sabamiki» donne aux bonsaï un aspect saisissant et âgé. Ils rappellent les arbres qui ont déjà subi des siècles d'intempéries, que l'on trouve dans les montagnes et parfois le long des côtes.

«Sabamiki» veut dire tronc creux ou fendu; cette technique du bois fendu vous permet d'imiter les formes d'arbres que l'on trouve dans la nature, en particulier, les vieux abricotiers, les oliviers de Bohême et les genévriers. Vous possédez peut-être un bonsaï dont le tronc est endommagé. Évidez-le complètement à cet endroit avec un ciseau et appliquez-lui les méthodes «jin» et «shari».

Certains experts en bonsaï profitent de la position gênante d'une branche poussant à l'avant, pour l'arracher et agrandir au ciseau le trou ainsi formé sur le tronc, donnant de cette façon à l'arbre un aspect «sabamiki».

Il est préférable d'exécuter tous ces travaux en plein été afin que les blessures sèchent rapidement et que le produit décapant pénètre bien dans le tronc. Uilisez toujours un couteau aiguisé et grattez le bois avec de la toile émeri avant de l'appliquer.

Répétez le blanchiment au moins tous les 2 ans pour préserver de la pourriture les branches écorcées et raviver leur couleur claire. Vous trouverez des modèles de «jin» p. 95, de «sabamiki» p. 124 et de «shari» p. 125.

En dehors de ces techniques, il existe une méthode encore plus simple pour donner une apparence âgée à un arbre. Attachez les branches du jeune arbre vers le bas et ligaturez-les de sorte que les lignes de sa ramure correspondent à celles des arbres plus âgés vivant dans la nature.

On ne peut déterminer l'âge exact d'un arbre qu'en comptant ses cernes. Voici un exemple de la façon dont on peut se tromper dans l'estimation de l'âge d'un arbre lorsqu'on ne tient compte que de l'épaisseur de son tronc et non de son biotope. Ces deux tronc d'épicéa ont été prélevés en montagne. L'un a un diamètre de 3,5 cm avec 46 anneaux, soit 46 ans, l'autre, un diamètre de 5 cm et 96 anneaux soit 96 ans.

Mélanges de terres

Le mélange type est constitué en parts égales de terreau de feuilles ou de tourbe, d'argile et de sable en grains (sable de rivière). Les feuillus et les arbres jeunes en pleine croissance se plaisent dans un sol assez léger avec le moins possible d'argile. Les variétés de bonsaï à croissance lente comme les pins, la plupart des conifères et les vieux arbres poussent mieux dans une terre sèche contenant en général plus de sable. Une part de terreau, une de tourbe et une de sable peuvent constituer, par exemple, un mélange pour feuillus; et deux parts de sable, une part de tourbe et une part d'argile, un mélange pour conifères.

Quand vous employez de la terre de jardin, n'oubliez pas qu'elle contient souvent déjà une proportion d'argile. Dans la culture traditionnelle des bonsaï, on attache beaucoup d'importance au choix des terres et des mélanges. Chaque spécialiste en bonsaï ne jure que par son mélange.

Mais vous pouvez vous faciliter largement la tâche en ayant recours à des terres à bonsaï qui ont déjà fait leurs preuves et que l'on trouve dans le commerce. Celles-ci comportent 1 tiers d'argile, 1 tiers de tourbe et 1 tiers de résidus graniteux ou de sable en grains. L'argile confère au mélange sa qualité de liant. La tourbe procure au végétal les éléments importants de l'humus, et le gros sable assure l'aération et le drainage, car les bonsaï se plaisent dans l'humidité mais non saturés d'eau.

Bien sûr, vous pouvez aussi composer vous-même ce mélange, variable selon les espèces. Mais avant de mélanger argile, tourbe et sable, il faut d'abord faire sécher l'argile et le sable, et séparer les poussières au tamis, car elles rendent le fond compact, et amoindrissent la perméabilité de la terre à l'eau et à l'oxygène. Toutes les particules passant à travers un tamis aux mailles de 0,5 mm doivent être jetées. Certaines plantes aiment un sol acide (pH 4,5 à 5,5), d'autres préfèrent un sol moins acide (pH 5,8 à 6). Il faut en tenir compte pour les mélanges. Vous pouvez contrôler le facteur pH avec un appareil de mesure.

a) Résidus graniteux tamisés, servant de mélange de terre.
b) Tourbe blanche en grains.
c) Terre d'argile sableuse.

Le mélange de terre peut être désacidifié avec du carbonate de chaux et l'on peut réduire le pH en ajoutant de la tourbe acide. Les azalées, qui préfèrent des sols acides ont besoin de moins d'argile et de sable, mais de plus de tourbe. Voici un mélange idéal pour eux: 2 parts d'argile, 2 parts de sable, 5 parts de tourbe. Les feuillus se contenteront du mélange type: 3 parts d'argile, 3 parts de tourbe, 3 parts de sable en réduisant la quantité de tourbe pour les sujets âgés, afin de freiner leur croissance. Les conifères qui ont une prédilection pour les sols sableux, demanderont plus de sable. Ajoutez du sable au mélange type ou tenez-en compte lorsque vous faites vous-même le mélange.

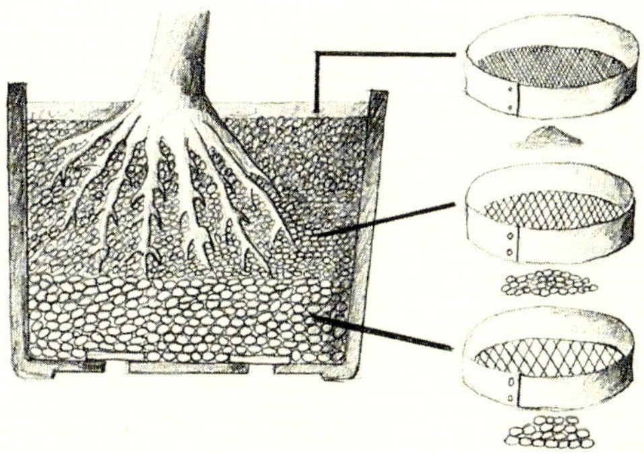

Gravier grossier pour le drainage et terre à bonsaï, recouverts d'une fine couche d'argile servant de substrat au matelas de mousse. La poussière de tous ces composants a été auparavant séparée au tamis.

Il est grand temps de rempoter!

Ligaturage et autres techniques de réalisation

Si vous désirez modifier l'orientation des branches ou former le tronc d'un bonsaï, ceci peut être obtenu grâce à différentes techniques.

L'une d'elles, un peu difficile, est le ligaturage. On y a recours lorsque l'on désire donner un aspect plus âgé à un bonsaï à l'aide de branches retombantes et lorsque l'on veut imprimer au tronc une courbure ou la supprimer. On utilisera à cet effet du fil de cuivre ou d'aluminium cuivré souple, disponible dans le commerce sous différents calibres.

Les périodes au cours desquelles vous pouvez ligaturer sont indiquées p. 182 et suivantes.

En règle générale, on ligature les conifères, tandis que l'on réalise la forme des feuillus essentiellement par la taille. Mais si toutefois, vous désirez ligaturer des feuillus, il faut le faire au printemps, lorsque les arbres se trouvent en pleine sève, et l'on doit retirer l'appareillage au bout de 6 à 8 mois au plus tard. Les arbres persistants et les conifères mettent plus longtemps à modifier leur forme. Mais il faudra là aussi, retirer les fils au bout de 12 à 18 mois et au plus tard, lorsque le fil commence à s'incruster dans l'écorce. Si vous dépassez ce délai et qu'il ne soit plus possible de retirer le fil sans blesser sérieusement l'écorce, laissez-le incrusté dans le tronc ou dans la branche et retirez-le reste avec une pince coupante. Ligaturez toujours le bonsaï dans la direction de la croissance, c'est à dire, de bas en haut, en spirale; la solidité de la ligature (à 1 ou 2 fils) étant fonction de l'épaisseur du tronc ou des branches. Renouvelez la ligature jusqu'à l'obtention de la forme désirée. Veillez à ne pas prendre de feuilles ou d'aiguilles dans le fil. Choisissez une grosseur de fil correspondant à peine au tiers du plus fort diamètre de la branche à ligaturer. Une autre règle d'or veut que le fil soit tout juste assez fort pour maintenir une branche dans la direction désirée. Si c'est le tronc que vous voulez ligaturer, fixez d'abord le bout du fil à l'arrière, au fond du pot, puis ligaturez

Bonsaï avant et après ligaturage.

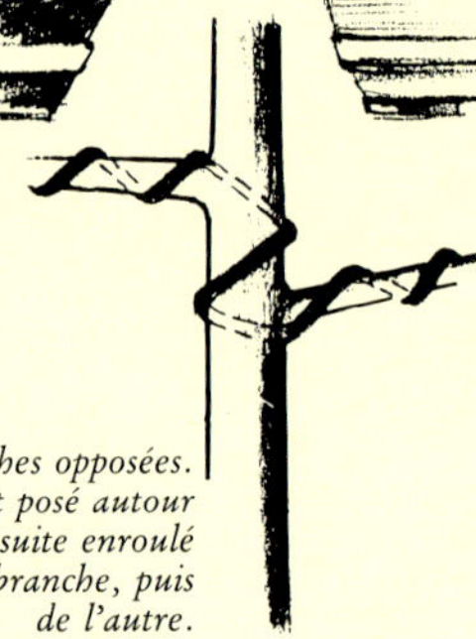

Ligature de branches opposées. Le milieu du fil est posé autour du tronc. Il est ensuite enroulé autour d'une branche, puis de l'autre.

le tronc en spirales, chacun des tours devant former un angle de 45° avec des espacements réguliers qui ne diminueront qu'au bout de la branche. Au lieu d'un gros fil, vous pouvez aussi utiliser 2 fils plus fins juxtaposés. Les tours ne doivent être ni trop lâches ni trop serrés. On utilise la même technique pour les branches sauf que le fil est attaché au tronc ou à une branche opposée. La partie ligaturée est alors courbée avec précaution dans la direction désirée.

Les ramilles qui poussent vers le bas doivent être enlevées avant la ligature.

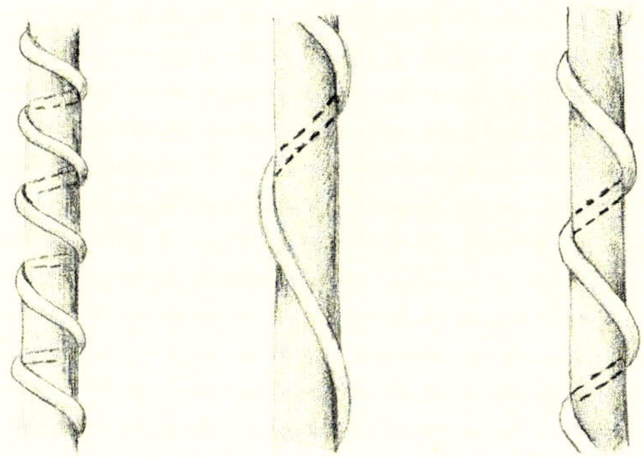

Trop serrée — *trop espacée* — *correcte*

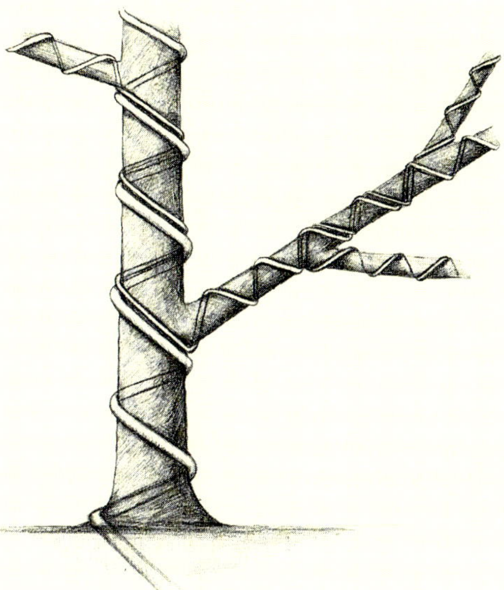

Ligature correcte avec des fils de calibre différent.

La branche ligaturée ou le tronc sont amenés avec précaution dans la position désirée.

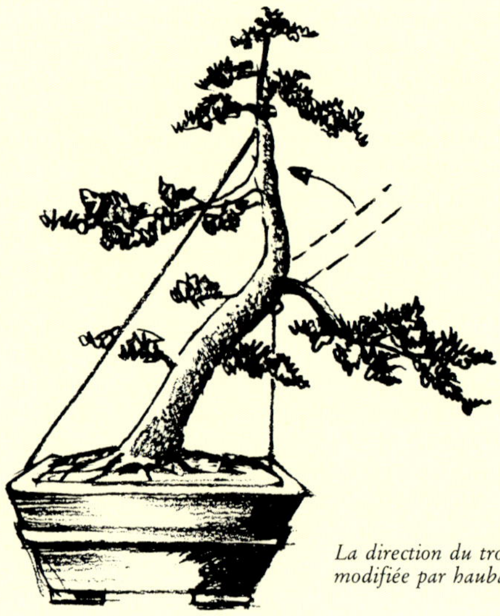

La direction du tronc est modifiée par haubanage.

Fixer des fils au récipient et y arrimer les branches avec de la ficelle.

Il existe encore d'autres méthodes pour faire retomber les branches:

1. on fixe des fils métalliques au récipient et on y arrime les branches une par une;
2. un fil est attaché au tronc et on y relie les branches;
3. les branches peuvent être lestées de plombs ou de sachets de sable.

Il est important de protéger les endroits où le fil est attaché à la branche pour éviter de blesser l'écorce. Employez pour cela un morceau de caoutchouc (chambre à air de vélo, par exemple).

Les branches trop proches peuvent être écartées l'une de l'autre à l'aide d'une planchette, et 2 troncs ou 2 branches trop éloignés peuvent être rapprochés à l'aide d'un fil.

Si vous voulez créer des courbes plus accentuées sur un tronc, appliquez parallèlement au tronc, du fil ou une attelle de métal serrée avec du raphia.

Un petit serre-joint peut être aussi fort utile. Si vous blessez l'arbre au cours de l'opération, bouchez les fissures au mastic.

Les techniques de réalisation telles le ligaturage fatiguent votre bonsaï. Celui-ci ne devrait pas subir simultanément une ligature et un rempotage. Après le ligaturage, placez-le quelques semaines, au repos, à l'abri.

La branche peut être pliée vers le bas en la lestant d'une pierre.

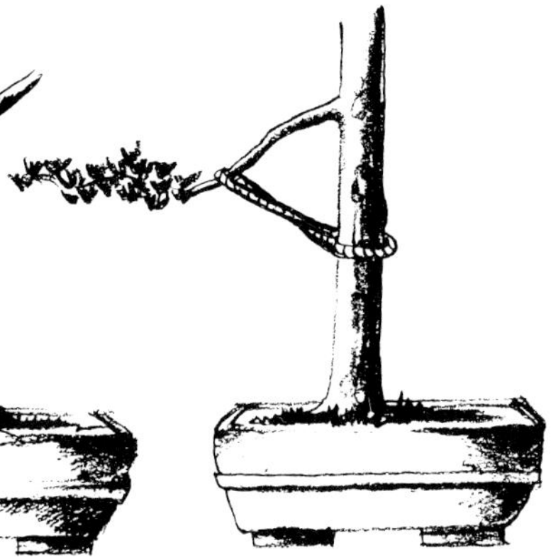

On rapproche la branche du tronc en l'attachant avec du fil métallique ou de la ficelle.

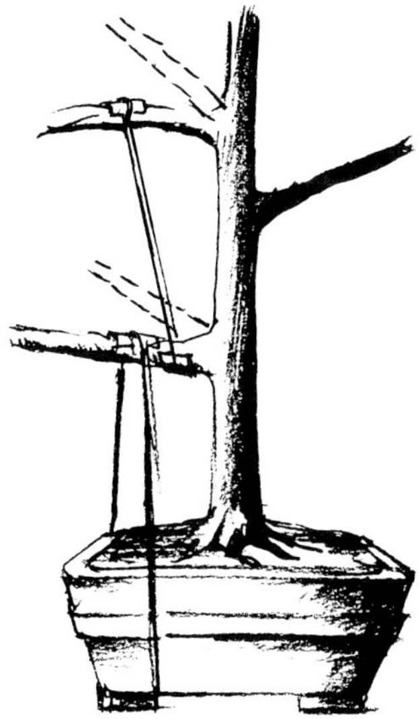

Une autre technique pour modifier l'orientation des branches.

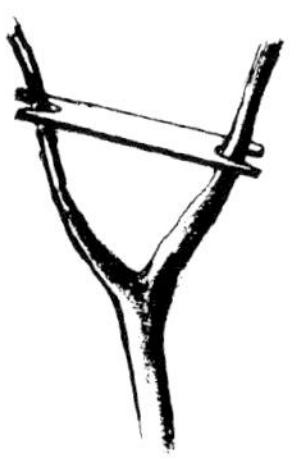

Écartement de deux branches à l'aide d'une planchette.

Attachage d'une branche au tronc.

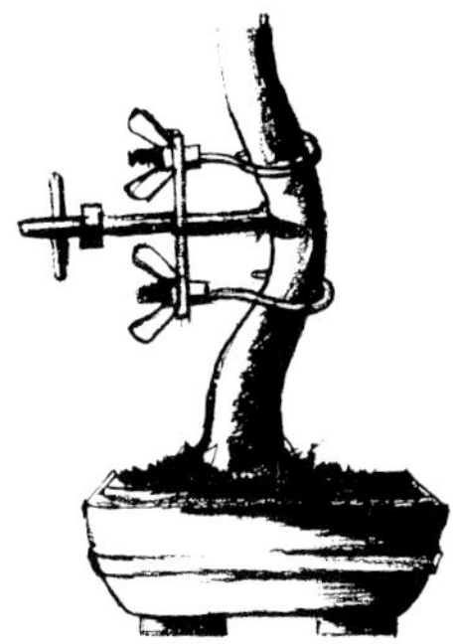

Un serre-joint permet d'obtenir une forte cambrure.

Appliquer un gros fil sur le tronc ou bien, fixez-y une attelle métallique pour obtenir ou supprimer une cambrure.

Comment acheter un Bonsaï?

Si vous désirez vous épargner la peine de la culture d'un bonsaï, achetez-en un déjà formé. Le commerce spécialisé en offre un grand choix de différentes qualités. Ils proviennent presque tous du Japon ou de Chine. L'offre est très variée. Elle va du jeune plant ayant reçu les premières interventions, aux chefs-d'œuvre de l'art bonsaï, en passant par les bonsaï en voie de maturité. On y trouve aussi bien les conifères que les arbres persistants, les feuillus et les espèces florifères.

Depuis peu, les bonsaï sont toujours importés avec leur terre et la plupart du temps dans leur récipient. Cependant, vérifiez, lors de l'achat, que l'enracinement du bonsaï soit correct. Une surface de terre solide, compacte, et une couche de mousse continue indiquent que l'arbre est planté depuis un certain temps déjà, à moins qu'il ne vienne d'être rempoté. En outre, un bonsaï sain a l'aspect d'un beau petit arbre vigoureux dont l'intensité de la couleur du feuillage varie avec l'espèce et la saison.

Ne vous laissez pas influencer par l'indication de son âge. Sa valeur dépend bien plus de sa forme naturelle. Les photos de droite montrent une petite sélection de bonsaï bon marché.

Genévrier de Chine, juniperus chinensis. Taille env. 40 cm, âge anv. 15 ans.

a) Zelkova serrata, env. 10 ans.
b) Pinus parviflora, env. 12 ans.
c) Juniperus chinensis, env. 8 ans.
d) Juniperus chinensis, env. 15 ans.

Orme du Japon, zelkova serrata. Taille env. 15 cm, âge env. 8 ans.

Abricotier du Japon, prunus mume. Taille env. 40 cm, âge env. 15 ans.

*Érable rouge du Japon, acer palmatum atropurpureum.
Taille env. 40 cm, âge env. 10 ans.*

Pommier, malus pumila. Taille env. 30 cm, âge env. 12 ans.

Critères de qualité d'un vrai Bonsaï

Les racines visibles d'un bonsaï doivent pousser dans toutes les directions. Leur taille et leur espacement peuvent varier, mais elles ne doivent pas se croiser. La transition vers le tronc devrait être bien visible.
Un vrai bonsaï donne l'impression d'être bien implanté dans la terre.
L'aspect et la forme du tronc sont particulièrement importants chez les arbres miniatures. C'est pourquoi, leur réalisation exige une grande minutie. En général, le tronc qui doit aller en s'effilant vers le haut devrait être visible des racines jusqu'à la cime. Il peut être droit ou courbé. Plus il paraîtra vieux, plus la valeur de l'arbre sera grande. Les courbures et les cambrures du tronc et des branches doivent paraître naturelles. Les formes grotesques ou bizarres sont trop sophistiquées.
Un bonsaï a naturellement un endroit et un envers. L'endroit est le côté d'où l'on peut voir le maximum de la structure du tronc et des branches. C'est pourquoi les branches des bonsaï ne poussent jamais à l'avant, mais sur les côtés et vers l'arrière. De petites branches ou des rameaux peuvent, pour des raisons esthétiques, pousser vers l'avant, seulement dans la partie supérieure de la couronne. La forme en balai fait exception.
Un bonsaï a relativement peu de branches. Comme beaucoup de bonsaï sont issus de sauvageons ou de plants de pépinières, on ne peut, dans bien des cas, éviter d'éliminer des branches qui laissent au début des coupes visibles.
Il n'est pas juste que les coupes effectuées sur un bonsaï entraînent une moins-value importante. Lorsque celles-ci ont été faites dans les règles de l'art, leurs cicatrices sont presque invisibles quelques années plus tard.
Toutes les branches sont très soigneusement équilibrées. Lorsque la branche principale pousse vers la gauche, appelons-la n° 1, la n° 2 poussera par exemple, vers l'arrière, et la n° 3 vers la droite. Aucune branche ne devra se trouver à la même hauteur qu'une autre. Il est facile de le vérifier en regardant l'arbre d'en-haut. Aucune branche ne doit recouvrir complètement une autre ou pousser parallèlement. Elles sont toujours implantées à l'extérieur d'un tronc incurvé et doivent s'amenuiser et s'effiler en leurs extrémités.
Les feuilles d'un vrai bonsaï doivent être les plus petites possible afin que les proportions entre le tronc, les branches et les feuilles soient équilibrées. Elles doivent également avoir une belle couleur nette.

Cet arbre réunit tous les critères de qualité d'un vrai bonsaï: une forte base du tronc, un tronc effilé vers le haut et une disposition exacte des branches.

*Genévrier rigide,
juniperus rigida.
Forme presque verticale –
Moyôgi.
Taille env. 70 cm,
âge plus de 200 ans.*

Érable rouge du Japon, acer palmatum dissectum atropurpureum.
Au printemps, forme presque verticale – Moyôgi.
Taille 45 cm, âge env. 40 ans.

Le même érable dans sa parure d'automne.

Pommier,
malus halliana.
Bonsaï miniature.
Taille 15 cm,
âge env. 10 ans.

Gros plan du même bonsaï miniature.

Cognassier de Chine, chaenomeles chinensis.
Taille 48 cm, âge env. 65 ans.
Forme presque verticale – Moyôgi.

Abricotier, prunus mume.
Forme du lettré – Bunjingi.
Taille env. 60 cm, âge env. 50 ans.

Érable rouge du Japon, acer palmatum dissectum atropurpureum.
Forme rupestre – Ishitzuki.
Taille 38 cm, âge des petits arbres env. 16 ans.

Orme du Japon, zelkova serrata. Forme en balai – Hokidachi.
Taille 45 cm, âge env. 50 ans,
de la collection de l'auteur.

Érable de Bürger, acer buergerianum, dans une coupe chinoise ancienne. Cet arbre de 35 ans environ est un spécimen particulièrement harmonieux de la collection de l'auteur.

Gros plan du tronc du même érable de Bürger.

Genévrier de Chine, juniperus chinensis, après avoir employé la technique Sabamiki. Taille env. 85 cm, âge plus de 250 ans.

Cet orme de Chine, ulmus parviflora. Taille env. 45 cm, âge env. 45 ans, est un cadeau des Jardins de Shanghaï à l'auteur. Les formes animalières sont aujourd'hui encore appréciées dans l'art bonsaï chinois.

mage de gauche:
rable du Japon, acer palmatum.
'ronc multiple – Kabudachi.
'aille env. 85 cm, âge env. 70 ans.

Image de droite:
pin blanc du Japon, pinus parviflora.
Cette forme de bonsaï réunit 3 styles:
semi-cascade, tronc multiple
et forme battue par les vents.
Taille env. 70 cm, âge env. 85 ans.

Serissa foetida,
connu en Chine comme
«l'arbre aux 1000 étoiles»
Taille env. 50 cm,
âge env. 35 ans.

Abricotier du Japon,
prunus mume.
Forme du lettré – Bunjingi
Taille env. 55 cm,
plus de 120 ans.

Ce pin blanc du Japon, pinus parviflora, taille 94 cm, a plus de 150 ans, et nous donne l'impression d'un arbre éprouvé par les intempéries.

Genévrier de Chine,
juniperus chinensis.
Taille env. 77 cm,
âge env. 180 ans.

Entretien d'un Bonsaï

Les vrais bonsaï sont précieux et rares. Certains exemplaires sont irremplaçables tels des œuvres d'art. Des soins appropriés dont le rempotage ponctuel, le bon mélange de terres, l'arrosage (chose importante entre toutes) ainsi que la fumure, le choix d'un bon emplacement, l'hivernage, la prophylaxie sont essentiels pour un bonsaï.

Si vous vous posez des questions quant à l'entretien de votre bonsaï et si vous avez des difficultés, demandez conseil à un spécialiste qui mettra son savoir et son expérience à votre disposition. Un magasin de bonsaï devrait pouvoir prendre en pension des plantes pendant les vacances ou pendant l'hiver, et également soigner les arbres malades. De même, si vous faites partie d'un club bonsaï ou si vous êtes en relation avec l'un de ses membres, cela peut, en l'occurrence, vous être très utile car les échanges d'information et d'expériences se font très souvent au sein même des clubs.

Taille des racines

Elle s'effectue à chaque rempotage. Les racines des jeunes sujets sont réduites d'un tiers et le tour de la motte de racines est rogné de 2 à 3 cm chez les sujets très vieux.

Plus les arbres sont âgés, moins le système radiculaire doit être rabattu, car ils émettent des racines et des pousses plus courtes. Veillez à ce qu'au cours de cette opération, la disposition intérieure des racines reste intacte. La section des grosses racines doit être orientée vers le bas.

Première mise en pot et rempotage

Tous les 2 ans, un jeune bonsaï a besoin d'une coupe de 1 à 2 cm de plus. Lorsqu'il est planté pour la 1ère fois, on parle de mise en pot, et de rempotage pour les changements ultérieurs. Un sujet agé est transplanté lorsque la terre a été entraînée par l'eau et doit être renouvelée, ou lorsque les racines sont devenues trop serrées et doivent être rabattues. Dans ce cas, les arbres peuvent être replantés dans la même coupe. La fréquence des changements de terre et de récipients dépend de l'espèce, de l'âge, et de l'état de votre bonsaï. Les feuillus à croissance rapide doivent être rempotés environ tous les 2 ans et les conifères tous les 2 à 5 ans. Le tableau p. 182 indique les périodes de rempotage des bonsaï et contient des conseils sur la fréquence de rempotage des sujets jeunes et d'âge moyen.

Un bonsaï reste souvent des années dans une même

Image de gauche:
modèle de bonsaï dans la nature. Tilleul dans le parc du château de Heidelberg.

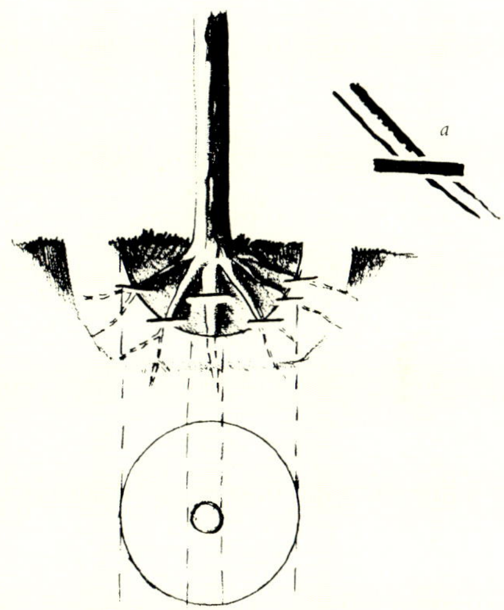

Lors de la taille des racines, préserver leur disposition intérieure. La section des grosses racines doit être parallèle au fond de coupe.

coupe, c'est pourquoi une bonne composition de terre est importante.

Avant le rempotage, laissez sécher un peu le bonsaï afin que la terre se détache plus facilement de la motte. Soulevez doucement l'arbre de sa coupe. Avec une baguette de bois pointue, retirez la moitié de l'ancienne terre de la motte en veillant à ne pas abîmer les fines radicelles.

Les racines trop développées, blessées ou mortes doivent être coupées et le système radiculaire réduit d'environ 1 tiers, les coupes des grosses racines devant être parallèles au fond du pot.

Les trous d'évacuation du pot sont recouverts d'un grillage de plastique afin de retenir la terre. Pour fixer la motte et l'arbre, on peut passer du fil métallique plastifié ou du fil d'aluminium (mais pas de cuivre) à travers les trous de drainage. Ceci est surtout recommandé pour les arbres de plus grande taille et ceux plantés dans des coupes très plates afin que le vent ne les fasse pas basculer. Retirez le fil au bout de 6 mois lorsque de nouvelles racines se sont formées. Le fond de la coupe est recouvert d'une couche drainante faite de graviers (ou de toutes petites boulettes d'argile durcie) qui ne doit pas dépasser 2 cm. Recouvrir d'une couche de terre végétale qui devrait être presque sèche afin de mieux remplir les cavités entre les racines.

Placez le bonsaï dans sa coupe. Répartissez les racines dans toutes les directions. Les racines visibles doivent être à la hauteur du rebord de la coupe ou dépasser un peu, attachez ensuite l'arbre avec le fil métallique que vous aviez déjà installé. En remplissant de terre, bien damer, en particulier sur le pourtour à l'aide d'une baguette de bois ou du pouce. Afin de ne pas laisser d'espaces vides dans la terre, tapoter fréquemment du poing le bord de la coupe. La surface de la terre d'un bonsaï doit rappeler l'étendue d'un paysage. C'est pourquoi il faut garder une hauteur d'arrosage d'1 demi cm maximum. Lors de la mise en pot, veillez à ne pas mettre la plante au milieu. Recherchez un endroit où, à votre avis, elle sera le mieux mise en valeur. Les spécialistes japonais observent à ce sujet des règles strictes (voir p. 180).

Une fine couche d'argile tamisée peut être répartie sur la surface. Elle empêche le lessivage et facilite la croissance de mousse nouvelle. Enfin, ratissez la surface avec une balayette et arrosez copieusement l'arbre. Après le rempotage, le bonsaï a besoin d'un endroit à l'abri du soleil et protégé du vent. Deux à trois semaines plus tard, il peut reprendre sa place habituelle. Et au plus tôt un mois après, lorsqu'il a émis de nouvelles racines, il peut recevoir son premier engrais.

Retirer doucement la plante de sa coupe.

Retirer environ la moitié de l'ancienne terre de la motte, à l'aide de baguettes en bois.

Rabattre les racines d'au moins 1/3.

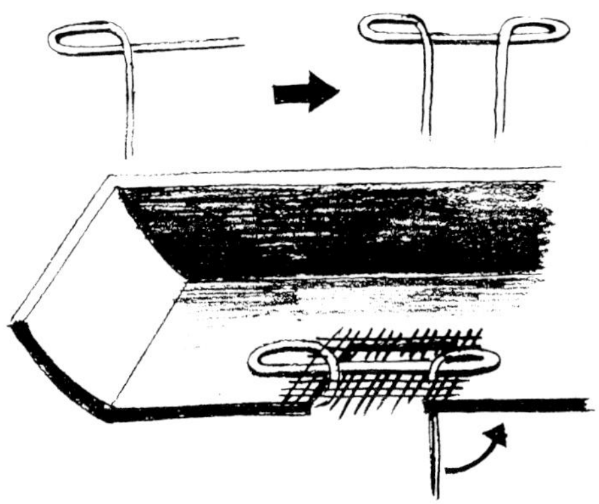

Fixer le grillage au-dessus du trou de drainage à l'aide de cette boucle de fil métallique.

Pour arrimer la motte de racines, vous pouvez passer un fil métallique par les orifices de drainage, avant de remplir avec une couche drainante de 2 cm environ.

Verser la terre à bonsaï sur la couche drainante.

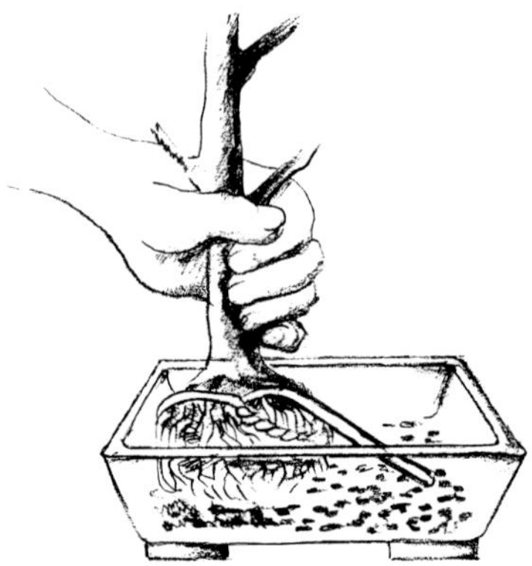

Placer maintenant la plante dans la coupe et l'attacher avec le fil.

Le vase est rempli presque à ras du bord avec de la terre à bonsaï.

Bien tasser la terre sur le pourtour du pot.

Avant de ratisser, vous pouvez mettre une fine couche d'argile tamisée.

Arroser l'arbre copieusement et le mettre à l'abri.

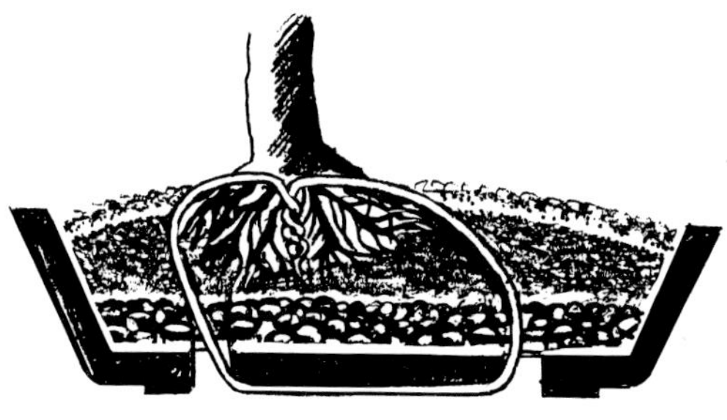

Coupe longitudinale d'un pot à bonsaï.

Mousse et autres sous-plantations

La mousse donne l'impression d'un sol de forêt velouté et prend un aspect fascinant au pied des arbres aux racines visibles. Elle n'est pas seulement belle, mais empêche aussi le lessivage de la terre. Un tapis de mousse peut être agrémenté d'autres plantations, comme les fougères de mousse (selaginella), les acores, les violettes sauvages des Alpes (cyclamen persicum) et des variétés de crassulacées.

Notez bien que la terre recouverte de mousse épaisse peut retenir l'humidité bien plus longtemps, et a donc besoin de moins d'arrosage. Ne laissez pas non plus le tapis de mousse trop s'épaissir au pied du tronc, ce qui pourrait entraîner des moisissures.

Le mousse la plus belle pousse toute seule dans la nature en 6 à 8 mois, dans des conditions d'humidité suffisante. Mais si vous n'avez pas la patience d'attendre, garnissez le sol de morceaux de mousse que vous trouverez dans les endroits humides, dans les gouttières, dans les fissures de mur, entre les pavés et sur les rochers. La mousse des bois n'est pas conseillée car elle devient trop haute. De nombreux amateurs de bonsaï font sécher des morceaux de mousse, les émiettent et les sèment sur la terre.

Les oiseaux, surtout les merles et les moineaux causent parfois de sérieux dégâts car ils viennent gratter le magnifique coussin de mousse afin d'y chercher de la nourriture. Pour les chasser, accrochez pendant quelque temps des bandes de papier d'aluminium à l'arbre.

Voici le bel aspect que peut prendre une plantation de mousse.

Un sageretia theezans chinois de 55 ans sur un charmant tapis de mousse dans une coupe à bonsaï ancienne. Taille env. 45 cm.

Arrosage

Les bonsaï, comme toutes les plantes ont besoin de suffisamment d'eau, mais il est aussi nuisible de trop les arroser que pas assez. Lorsque la terre est trop mouillée, les racines commencent à pourrir par manque d'air. Mais toutes les coupes à bonsaï ont à la base des trous assez gros pour l'écoulement rapide de l'eau superflue. De plus, un bon mélange de terres à consistance granulée évite une rétention trop longue de l'eau excédentaire. En revanche, les arbres miniatures, au système radiculaire peu développé, peuvent souffrir de la sécheresse, surtout en été. Veillez donc à maintenir en permanence votre terre légèrement humide. Mais s'il arrivait que la terre soit desséchée, plongez la coupe 10 minutes dans l'eau jusqu'à son rebord, afin que l'arbre s'imprègne bien.

Chaque sujet a ses exigences et ses besoins qu'il convient de satisfaire, cf. tableau p. 182 et suivantes. Certaines espèces demandent moins d'humidité que d'autres. Il faut aussi tenir compte de la température, de l'humidité de l'air et de la saison. Souvent, en été, l'arrosage doit être fait plusieurs fois par jour, et une fois par semaine en hiver (période de dormance). Arrosez moins votre arbre quand il est malade, car ses racines en général sont affaiblies et ne peuvent absorber autant d'eau. Lorsque vous remarquez que votre arbre consomme moins d'eau et qu'il reste humide trop longtemps, c'est un signe certain que ses racines sont endommagées. De même dans les 3 à 4 semaines qui suivent la taille des racines ou des feuilles, il a besoin de moins d'eau, puisqu'ayant moins de racines et une surface d'évaporation foliaire réduite.

Il est très important de n'arroser que légèrement lorsqu'il émet de nouvelles pousses et feuilles de printemps. Ainsi vous éviterez un trop grand espacement entre les nouvelles pousses, et des feuilles trop grandes.

L'eau douce est celle qui convient le mieux à l'arrosage. L'eau dure devrait être adoucie à l'aide de pastilles

L'auteur arrosant sa collection de bonsaï. Le bassinage des feuilles et de la ramure entraîne les poussières. Ne doit pas avoir lieu pendant les heures chaudes de l'été afin de ne pas brûler les feuilles.

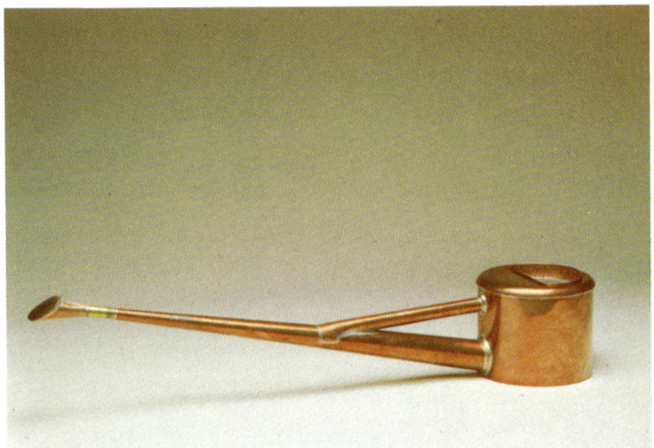

Arrosoir japonais en cuivre, pratique et élégant, pour bonsaï. Le col assez long permet un arrosage en pluie fine avec une pression suffisante.

adoucissantes. Vous pouvez aussi recueillir de l'eau de pluie. Laissez reposer 2 à 3 jours l'eau du robinet pour que s'évaporent les résidus de chlore et qu'elle soit aussi à température ambiante. Bassinez avec une pomme très fine, plusieurs jours de suite. Ceci est nécessaire car souvent les coupes à bonsaï n'ont pas de grand rebord (afin de ne pas rompre l'harmonie entre le récipient et l'arbre) et elles ne peuvent retenir beaucoup d'eau. Refaites ce bassinage jusqu'à ce que toute la motte de racines soit gorgée d'eau. Pour éviter les brûlures des feuilles en été, le bassinage ne doit pas avoir lieu en pleine chaleur, mais le matin ou en fin d'après-midi. Les bonsaï apprécieront une averse, mais la plupart d'entre eux ne pourront supporter des pluies continues sur plusieurs semaines. L'eau de pluie ne pouvant alors s'évacuer assez vite par les orifices de drainage, stagne trop longtemps dans les récipients et les radicelles commencent à pourrir. Ce sera également le cas si vous placez votre bonsaï sur une soucoupe, car après un bon arrosage, il sera littéralement noyé.
Voici deux façons d'éviter cela (cf. croquis ci-contre) Inclinez vos bonsaï pour accélérer l'évacuation de l'eau ou confectionnez un écran en plastique ou en carton renforcé que vous placerez en oblique sur la terre afin de l'abriter de la pluie. Pendant une longue absence, il faudrait remettre votre bonsaï entre de bonnes mains. Des amis également amateurs de bonsaï, ou un horticulteur connaissant bien les arbres miniatures conviendraient parfaitement.

Pendant les longues périodes de pluie, incliner les bonsaï pour faciliter l'évacuation de l'eau.

Fumure

Au cours de sa croissance, une plante puise dans le sol des éléments variés. Elle ne devient belle et vigoureuse que si ces éléments nutritifs, qui finissent par être dilués par l'arrosage constant, sont sans cesse renouvelés. Ceci est particulièrement important pour les bonsaï, car contrairement aux arbres de pleine terre, leurs racines ne puisent les éléments nécessaires que dans une quantité de terre limitée. Pour cette même raison, un apport d'engrais excessif conduit souvent au résultat inverse de celui recherché par l'amateur de bonsaï: les arbres émettent alors des pousses trop longues, des feuilles trop grandes et leurs branches deviennent trop fortes. Il est très important de savoir qu'un végétal ne dépérit pas par manque d'engrais mais plutôt par un excès qui peut endommager ses racines et, dans le pire des cas, le faire mourir. Si votre bonsaï paraît chétif, assurez-vous que ce n'est pas à cause d'un manque d'engrais ou de racines endommagées. Soulevez le bonsaï de sa coupe et vérifiez que les extrémités de ses racines soient fraîches et blanches. Si tel est le cas, le système radiculaire est sain et peut recevoir de l'engrais. Mais si les extrémités des racines sont brunes, visqueuses et se défont facilement, elles sont mortes et n'absorberont plus d'engrais. Ce sont les besoins de la plante qui déterminent le moment propice à l'apport et la quantité d'engrais à employer. En général, les jeunes sujets ont besoin de plus d'éléments nutritifs que les vieux, et les arbres à croissance rapide davantage que les autres. Chez les feuillus, la fumure aura lieu dès la première montée de la sève jusqu'au moment où ils perdent leurs feuilles, et chez les conifères, jusqu'à la mi-octobre au plus tard. On n'utilise pas d'engrais en hiver qui est la période de repos. On n'en utilisera pas non plus avant et pendant la floraison (ce qui leur ferait perdre prématurément leurs fleurs et reporterait la croissance sur les pousses), mais plus tard, au début de l'été, lorsque les fruits se forment. C'est à cette période que l'on peut également faire un apport de phosphore afin d'obtenir une floraison abondante au printemps suivant.

Ne mettez plus d'engrais juste après le rempotage car les racines qui viennent d'être raccourcies sont affaiblies. De même, les plantes aux racines malades ne peuvent assimiler les éléments nutritifs. Il faut leur fournir aussi peu d'engrais que pendant la période la plus chaude de l'été, à l'époque où les arbres n'ont pas besoin de nourriture supplémentaire puisqu'ils stoppent leur croissance pour une période généralement courte.

En principe, on préfère les engrais purement organiques aux engrais anorganiques dont les sels, en cas d'excès, peuvent causer des brûlures aux racines s'ils ne sont pas utilisés à bon escient. Les engrais organiques connus sont la poudre d'os, les rognures de corne, la farine de poisson et la pulpe de colza, que l'on trouve purs ou mélangés dans le commerce et que l'on doit répandre régulièrement à raison d'une petite cuillerée à café par dm^2 de terre. L'engrais organique agit plus lentement parce que ses éléments se propagent d'abord progressivement dans la terre avant d'être absorbés par les végétaux; tandis que les engrais anorganiques, notamment les engrais liquides, sont immédiatement assimilés par les racines. C'est une propriété qui peut d'ailleurs être utile lorsque le végétal a besoin d'une fumure ponctuelle et rapide. Lors de l'utilisation des engrais liquides commercialisés, basez-vous sur la dose indiquée sur la notice concernant les plantes en pot. N'oubliez pas de bien arroser votre bonsaï avant de mettre l'engrais.

Les jardiniers de bonsaï japonais utilisent un engrais organique en boulettes. Il est composé de pulpe de colza, de poudre d'os et de farine de poisson en parts égales. Il constitue une nourriture idéale pour les bonsaï et facile à manier.

Ces boulettes d'engrais sont posées sur la terre à mi-distance entre le tronc et le rebord de la coupe. Il vous faut environ:

- 1 boulette pour les petites coupes de 15 x 10 cm
- 2 boulettes pour les coupes moyennes de 15 x 20 cm
- 4 boulettes pour les grandes coupes de 30 x 40 cm

Ces boulettes se dissolvent lentement sous l'arrosage. Lorsqu'elles sont fondues, placez-en de nouvelles à d'autres endroits et ce, avant la fin août.

Tous les engrais disponibles dans le commerce contiennent les principaux éléments nutritifs qui conviennent à la plupart des arbres. Ces éléments varient souvent selon les proportions des mélanges des éléments de base. Votre choix sera plus facile si vous connaissez exactement les besoins spécifiques de votre arbre et l'action des principaux agents nutritifs et des oligo-éléments sur les plantes en général. Vous pouvez encore modifier le facteur pH de la terre avec des apports supplémentaires et agir ainsi efficacement sur la croissance des plantes.

Ficus retusa
Bonsaï d'intéreur.
Taille 32 cm,
âge env. 20 ans.

L'azote active la croissance des feuilles et des pousses. L'excès d'azote est nuisible car les plantes émettent alors de grandes feuilles vert foncé, leur floraison et la lignification sont retardées et elles deviennent plus sensibles aux maladies. On reconnaît le manque d'azote à la couleur pâle et au développement chétif des feuilles. L'azote est présent en quantité généralement suffisante dans les engrais. Sinon il peut être ajouté sous forme de nitrate de chaux aux plantes se plaisant particulièrement en terrain acide.

Le phosphore favorise la croissance des racines et des fleurs. Contrairement à l'azote, le végétal n'assimile pas plus de phosphore qu'il n'en a besoin. La carence se manifeste dans la coloration rougeâtre des feuilles qui pointent vers le haut. Le super-phosphate administré en quantités appropriées, de juin à fin juillet assure une meilleure floraison.

La potasse aide à la lignification et accroît l'assimilation par les racines; elle renforce en général la résistance des plantes. Un manque de potasse se remarque aux tâches brunâtres et à l'enroulement des feuilles. Dans ce cas, il est recommandé d'utiliser du Patentkali (= sulfate double de potasse et de magnésie).

La chaux stimule l'assimilation du phosphore et de la potasse, et favorise la croissance des racines. Le manque de chaux entraîne l'étiolement de la végétation. L'appauvrissement en chaux du sol se remarque à la diminution du pH et peut être compensé par du carbonate de chaux. Un excès de chaux provoque le jaunissement des feuilles (chlorose calcique) car elle bloque l'assimilation du fer par la plante qui ne fabrique plus la chlorophylle. Le fer est un élément particulièrement important qui favorise les agents catalyseurs que sont les oligo-éléments tels que le magnésium, le fer, le soufre, le manganèse, le bore, le cuivre, le zinc, le molybdène etc.

Le fer est à la base de la chlorophylle. Son absence entraîne la chlorose ferrique des feuilles, carence qui peut être soignée en arrosant la plante d'une solution combinée de Séquestrène de fer.

Érable rouge du Japon, acer palmatum dissectum atropurpureum, dans son pot de 40 x 28 cm, avec ses boulettes d'engrais.

Jardin de bonsaï de la famille Takeyama de Omiya, Japon.

Emplacement

Le bonsaï traditionnel trouve sa place en plein air. Dans un jardin, sur un balcon découvert, sur une terrasse ou sur un jardin suspendu, il est exposé aux agents atmosphériques dont il a besoin pour rester en bonne santé et bien se développer.

Un bonsaï peut-être rentré pour quelques heures, tout au plus un jour par semaine, comme décoration intérieure. Dehors, il faut les placer à une certaine hauteur pour faciliter leur entretien et pouvoir les admirer. Il serait dangereux de les placer à même la terre à cause des parasites et des animaux domestiques. L'endroit idéal est une tablette pouvant être protégée du soleil en été et recouverte d'une feuille plastique en hiver. La plupart des expèces de bonsaï préfèrent le plein soleil. Seules, quelques espèces délicates doivent être légèrement protégées (cf. tableau p. 182).

Lorsque le soleil ne donne que d'un côté, tournez les bonsaï toutes les 3 à 4 semaines pour qu'ils se développent d'une façon homogène.

Le manque de soleil, comme par exemple sur un balcon couvert ou exposé au nord, peut-être compensé par la lumière artificielle. Les lampes employées en horticulture peuvent être utilisées pour vos bonsaï.

Les amateurs de bonsaï qui n'ont pas de balcon peuvent placer leurs arbres sur un appui large de fenêtre et les fixer avec des élastiques ou du fil métallique.

Les fixations sur le balcon doivent pouvoir résister au grand vent.

Une étagère à bonsaï, ombragée en été et recouverte d'une feuille plastique en hiver, est un emplacement idéal.

L'un des halls d'exposition du Bonsai-Centrum de Heidelberg.

Forêt de hêtres, fagus crenata. Taille env. 60 cm, âge de 6 à 25 ans, sur un plateau en pierre.

Hivernage

L'hivernage ne pose aucun problème si tous les bonsaï se maintiennent à une température comprise entre 0°C et +5°C. Une serre est idéale en raison de sa luminosité et de ses conditions hygrométriques. Mais tous les amateurs de bonsaï n'en possédant pas, il faudra donc trouver d'autres possibilités d'hivernage. Pour les **espèces résistantes au froid,** comme les pins, les genévriers, les hêtres, (cf. tableau p. 182) vous pouvez installer un abri en feuille plastique sur votre balcon. Dans un châssis rempli préalablement d'un mélange humide, sable-tourbe ou de granulés de polystyrène expansé, enfouissez les coupes jusqu'à ce que leur rebord soit caché. Les coupes de céramique seront ainsi protégées du gel. Comme couverture, fichez 2 arceaux d'acier ou de bambou aux 4 coins et recouvrez cette armature d'une feuille plastique dont vous rabattrez les bords sous le châssis. Enroulez la feuille par temps doux ou ensoleillé, pour l'aérer. Il est très important de ne pas soumettre les bonsaï à des écarts de température trop importants. Si vous voulez vous épargner la corvée de l'aération, utilisez, au lieu du plastique transparent, une feuille de plastique blanchâtre ajourée à ou mettez votre bonsaï, l'ombre.
Une deuxième possibilité consiste à faire hiverner vos arbustes dans un bloc de polystyrène dans lequel vous aurez découpé des trous de la grosseur de vos pots. Collez ensemble des panneaux doubles de P.V.C. pour faire écran au vent.
Les bonsaï qui passent l'hiver dehors ne doivent pas être repris dans la maison à partir de septembre afin d'être lignifiés avant la période de gel.

Pour faire hiverner un bonsaï, l'enfouir dans de la tourbe humide jusque par dessus le rebord du pot. Veillez à ce que le châssis ait des trous d'évacuation pour éviter la stagnation de l'eau.

Après avoir enfoui le pied de la plante, ficher deux arceaux d'acier, de bambou ou d'osier aux 4 coins. Recouvrir cette armature d'un plastique translucide et rabattre par dessous.

Les espèces dont la résistance au froid est limitée comme l'érable de Bürger et le cyprès (cf. tableau p. 1982) peuvent supporter jusqu'à – 5°C. Pour ces arbres, vous avez la possibilité d'installer une lampe chauffante dans l'abri que vous leur avez confectionné ou de les mettre avec des **espèces craignant le gel,** comme le buis, le myrte, le serissa dans des locaux clairs et non chauffés, dans des cages d'escaliers, dans des greniers clairs ou des jardins d'hiver.

Veillez à ce que la température de ces locaux ne dépasse pas + 8°C, sinon les arbres se réveilleraient et se mettraient à bourgeonner. N'oubliez pas non plus de les vaporiser assez souvent, 2 fois par semaine environ, afin de garantir un degré hygrométrique assez élevé. Tous les petits arbres hivernant à l'extérieur sous une couverture de P.V.C. ne doivent pas être vaporisés.

Hivernage des bonsaï de Rolf et Gisela Kunitsch à Altheim, dans une descente de cave qui peut être recouverte d'une feuille plastique. Un emplacement éclairé par un soupirail peut aussi convenir.

L'outillage à Bonsaï

Au début, pour cultiver des arbres miniatures, on peut se contenter d'un outil courant comme le sécateur. Cependant, à la longue, il vous faudra envisager l'emploi d'outils spéciaux à bonsaï. Les ciseaux étroits à bonsaï vous permettront d'atteindre toutes les branches et les racines des arbres. La pince à retirer les fils métalliques est conçue pour ne pas blesser l'écorce. La tenaille à coupe concave permet une cicatrice rapide et propre. Voici les principaux outils japonais à bonsaï. Un maniement soigneux et surtout un bon nettoyage après l'emploi vous en assureront un long usage.

Ces ciseaux, longs et étroits permettent d'atteindre tous les rameaux d'une couronne d'arbre fournie.

Pincette coupante pour les feuilles et les jets.

Sécateur à bonsaï pour les grosses branches et les racines.

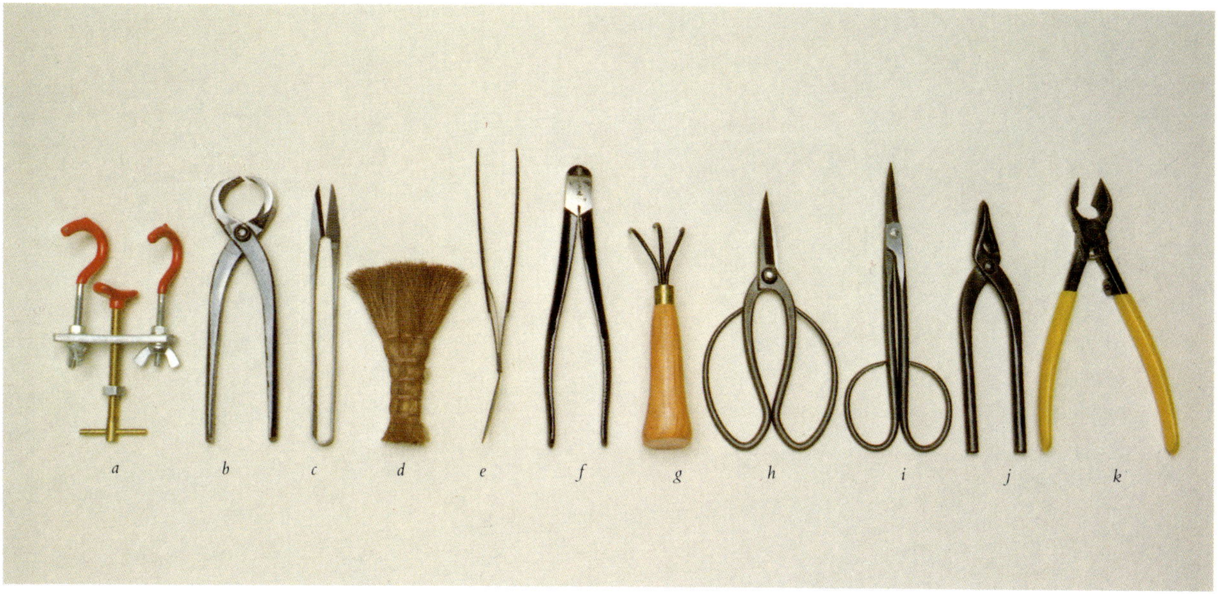

a *Serre-joint pour plier les branches et les troncs*
b *Tenailles pour couper les grosses racines*
c *Pincette coupante pour les feuilles*
d *Brosse pour nettoyer et lisser la terre*
e *Pince pour retirer les petits jets, les feuilles fanées et les parasites*
f *Pince coupante pour fil métallique*
g *Griffe pour démêler les racines lors du rempotage*
h *Ciseaux pour les pousses, les branches et les petites racines*
i *Ciseaux pour les pousses fines et l'émondage de la couronne*
j *Cisaille pour défaire les ligatures métalliques et pour la méthode jin*
k + l *Pinces coupantes pour trancher des branches au ras du tronc. Ce sont des outils trés importants*
m *Scie pour les grosses branches*
n *Ciseau à bois pour égaliser une grosse section*
o *Fil d'aluminium de différents calibres*

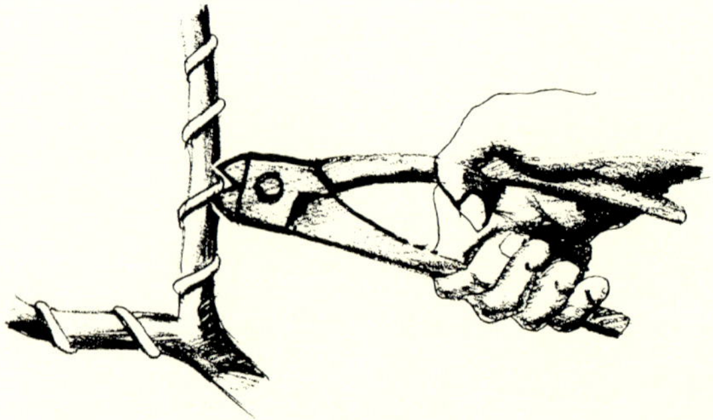

Cette cisaille permet de trancher le fil métallique sur l'arbre sans blesser l'écorce.

Cette pince concave permet de couper les grosses branches au ras du tronc dont la section concave se cicatrise mieux et plus vite qu'avec des tenailles normales.

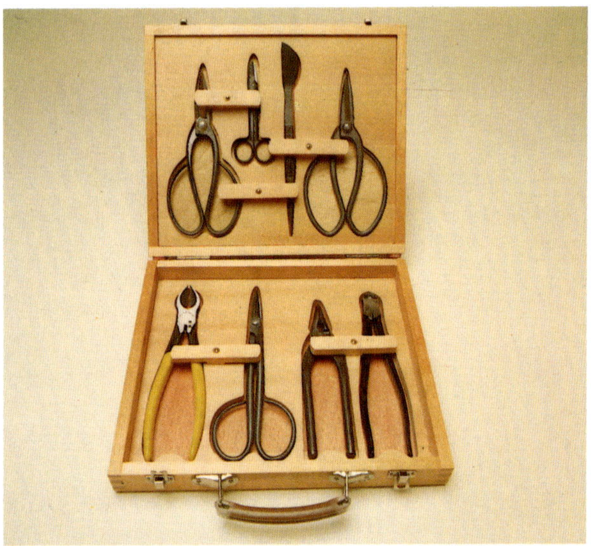

Un coffret de bois, pratique et très plat avec 8 des principaux outils à bonsaï.

Un pin blanc du Japon placé sur un guéridon pivotant, réglable jusqu'à 40 cm de haut avec une tablette et deux tiroirs servant de boîte à outils.

Azalée du Japon, azalea japonica. Forme presque verticale – Moyôgi. Taille env. 65 cm, âge env. 100 ans. Coupe à bonsaï ancienne de Chine dont la teinte et la forme se marient d'une façon admirable à ce magnifique azalée.

Maladies et parasites

Un entretien judicieux et un contrôle régulier des végétaux constituent la meilleure protection contre la maladie. Les maladies, les parasites, les champignons etc.... que vous devez combattre, sont les mêmes qui infestent les plantes de maison et de jardin. En présence de symptômes d'une maladie que l'on ne peut imputer à un mauvais traitement de l'arbre, et qui ne se situent pas au niveau des feuilles, il faut d'abord le soulever doucement de son récipient. Si les extrémités des racines sont vigoureuses et blanches, il faut conclure que le système radiculaire est sain et chercher ailleurs les symptômes de la maladie.

Les produits phyto-sanitaires courants peuvent être utilisés en respectant le dosage indiqué. Il est recommandé de traiter préventivement tous les bonsaï avant le printemps contre les maladies et les ravageurs, par exemple avec une solution, de PD 5 à 0,05 % et contre les champignons avec de l'Orthocide à base de captane et de l'Oléobladan pantracol.

Les paragraphes suivants décrivent les maladies et les parasites principaux pouvant atteindre les bonsaï, et leurs remèdes efficaces.

À chaque fois que votre petit arbre vous pose des problèmes, demandez conseil à un spécialiste quand il est encore temps et plutôt deux fois qu'une.

Pucerons

Parasites

Les **pucerons** logent sous les feuilles et sur les bourgeons. Bien souvent, un simple rinçage au jet d'eau puissant ou une vaporisation de Parathion à 0,2 % ou de PD 5 à 0,05 %, en solution, suffisent à les éliminer.

Chenilles

Les **chenilles** sont identifiables aux échancrures qu'elles laissent sur les feuilles. Si vous ne pouvez pas les retirer, parce qu'introuvables, vaporisez l'arbre avec du Métasystémox ou une solution d'Ultracide 40 à 0,1%.

Araignées rouges

L'araignée rouge apparaît en période de sécheresse sur les genévriers et les pins noirs de Thunberg, les épicéas et les zelkovas. Elles provoquent le jaunissement et l'étiolement des aiguilles et des feuilles. Souvent, l'arbre n'est atteint qu'en partie. Elles sont visibles en secouant un rameau sur une feuille de papier blanc, et ressemblent à de la poudre de piment. Elles sont facilement reconnaissables à la loupe. On les combat, en début de végétation avec des produits spéciaux, comme le Plictrane 25W 0,1%, le Pentac ou le PD 5 appliqués 2 ou 3 fois à intervalles de I5 jours.

Les **fourmis** sont aussi des parasites dans la mesure où elles véhiculent des pucerons. Éloignez-les de la proximité des bonsaï, avec un produit anti-fourmis.
Le **scolyte.** Il est rare mais difficile à combattre. En voici la description détaillée. Le scolyte est un coléoptère noir de 3 cm avec des points blancs et de longues antennes striées de blanc. Il apparait fin mai et commence à ronger l'écorce en anneaux. Il peut écorcer des rameaux entiers et entraîner leur mort. Il pond ses œufs dans les branches et ses larves blanches creusent jusqu'à l'intérieur des troncs pour y former un cocon. Les galles sont visibles sur le tronc. Le scolyte est aussi responsable des trous dans le tronc et sur les branches. Après un sommeil assez long, les larves se transforment en insectes et le cycle recommence. Coupez les branches boursouflées de galles et vaporisez l'arbre avec du Gardena SK ou du Dinterex à 0,1% de Bayer, toutes les 3 semaines.
Les **vers de terre** ne sont, à vrai dire, pas nuisibles, mais leurs galeries modifient l'écoulement de l'eau et ils doivent par conséquent être éliminés.
Les **escargots** qui laissent des échancrures et de la bave doivent être enlevés tôt le matin ou tués avec un peu de graines traitées, déposées à même la terre.
Les **nématodes.** Il s'agit là de petits vers blancs filiformes qui accompagnent souvent l'emploi d'engrais organiques. Ils sont inoffensifs et peuvent être éliminés avec une solution de Métasystémox ou une vaporisation insecticide.

Cochenilles

Les **cochenilles** qui logent sous les feuilles des conifères et des feuillus (petites cloques brunes), peuvent souvent être enlevées à la main. En cas de grandes quantités de cochenilles, employez une solution de Parathion à 0,2% ou vaporisez en plusieurs fois une émulsion à base de Malathion à 0,15%.

Pucerons lanigères

Les **pucerons lanigères** apparaissent sur le tronc, aux fourches des branches et aux aisselles des feuilles. Ils ressemblent à de minuscules boules d'ouate et peuvent être éliminés de la même façon que les pucerons ou avec de l'Unden à 0,15%, après avoir défait leurs colonies avec une petite baguette.

Pucerons des racines

Les **pucerons des racines** provoquent l'étiolement des feuilles pendant la croissance. Les insectes blancs s'accrochent aux racines. Chez les pins cependant, il ne faut pas les confondre avec les boulettes blanches et frisées à odeur de champignons. Ce champignon bienfaisant (mycorhize) vit en symbiose avec les pins et est un signe de bonne santé.

Chlorose

Oïdium

Maladies

Chlorose ferrique. Les feuilles et les aiguilles jaunissent et les nervures verdissent. La raison principale de cette maladie est une carence en fer. Arrosez la plante avec du Séquestrène (= sels de fer). Une terre trop dense et gorgée d'eau peut provoquer les mêmes symptômes, mais cette fois, par manque d'oxygène. Dans ce cas, ameublissez la terre, rempotez si nécessaire en arrosant moins.

L'oïdium est une couche blanche et farineuse qui se forme sur les feuilles. Il survient par fortes chaleurs et par manque d'air, ou si l'air est trop humide. L'oïdium est une maladie cryptogamique et par conséquent est traitée avec un fongicide tel que le Bénomyl (Dupont), le F 238 en solution à 0,25% (BASF) ou du soufre micronisé à 0,4%. Émondez la ramure, retirez les feuilles mortes et donnez plus d'air à votre petit arbre.

Le **mildiou** est un champignon qui apparaît souvent sous la feuille et pénètre dans la plante. On peut voir une moisissure grise sous les feuilles et des tâches jaunes sur la partie supérieure. Aérez mieux la plante et vaporisez-la avec de l'Euparène ou du Polyram combi.

Gale foliaire

La **gale foliaire** des azalées. Les feuilles gonflent et se déforment en «lobe d'oreille», d'abord vert clair, se couvrant ensuite de poudre blanche. Retirez les feuilles atteintes et traitez les plantes avec des produits à base de zinèbe ou de captane.

Maladie du rouge chez les érables. Cette maladie cryptogamique, nectria cinnabarina, entraîne l'apparition sur l'écorce de larges pustules rouge vif. L'écorce, puis toute la branche dépérit. Le seul remède est d'enlever tout le bois malade.

La chute des aiguilles (lymphodermium pinastri) est une maladie cryptogamique dont sont atteints les jeunes pins. Des taches brunes apparaissent sur les aiguilles en automne et en hiver. Au printemps, elles prennent la forme de stries noires visibles sur les aiguilles et entraînent bientôt leur mort.

Si cette maladie se manifeste à proximité de votre bonsaï, pulvérisez-le préventivement à la mi-août, avec du Manèbe à 0,2% (BASF), ou du Dithane ultra avec des intervalles de 15 jours. Mais ne pas confondre la chute annuelle des vieilles aiguilles de pins avec cette maladie.

Maladie des taches noires

«Maladie des taches noires» chez les ormes. Elle apparait en dépôt de rouille noirâtre chez les ulmacées (zelkovas) et se forme la plupart du temps sur un côté de l'arbre. Cette maladie peut être traitée avec de l'Orthophaltane 50.

Le **pourridié.** La pourriture des racines est fréquente et peut avoir différentes causes. Elle provient d'un manque de soins, comme l'excès d'arrosage et d'engrais ou d'un mauvais mélange de terres. Par grande sécheresse aussi, le chevelu meurt d'abord et pourrit ensuite lors d'arrosages fréquents.

En principe, pour faire face à cette maladie, il faut supprimer toutes les racines pourries, plonger brièvement le reste dans une solution de Bénomyl (Dupont) ou d'Orthocide et changer la terre de l'arbre. Arrosez ensuite, tout d'abord légèrement, pour permettre aux radicelles de se reformer et à l'arbre de moins absorber d'eau qu'auparavant. Vaporisez le bonsaï assez souvent et mettez-le à l'abri du soleil et du vent. Bien entendu, ne recommencez que lorsqu'il aura reconstitué ses racines.

Le **dépérissement** des rameaux chez les érables est provoqué par un champignon. Les bourgeons n'éclosent pas et les jeunes pousses dépérissent. Il n'y a pas de remède, sinon d'enlever tout le bois mort.

Érable de Bürger,
acer buergerianum.
Forme en balai.
Taille 40 cm,
âge env. 28 ans.

Les bonsaï chinois

Au cours des siècles, les Chinois ont acquis les mêmes principes que les Japonais en ce qui concerne la formation des bonsaï. Eux aussi ont voulu s'inspirer de la nature et l'art bonsaï signifie également pour eux l'art de façonner la nature, de créer une harmonie et d'attirer le regard sur l'essentiel. Et pourtant, les maîtres chinois appliquent des règles quelque peu différentes de celles des Japonais, notamment en ce qui concerne les rapports de grandeur entre l'arbre et sa coupe, entre le tronc et les racines, et entre les branches et le tronc.

C'est pourquoi, l'amateur européen qui connaît déjà les bonsaï japonais se trouve souvent dérouté à la vue d'un bonsaï chinois. Si l'on compare des bonsaï des deux pays, on remarque que les Chinois choisissent souvent de très grands pots dont certains sont très beaux, anciens et précieux. Leurs arbres sont aussi en général plus grands que ceux des Japonais et peuvent atteindre 1m à 1,50 m, voire davantage. Par rapport au tronc, la naissance des racines est en général plus mince que chez les bonsaï japonais auxquels nous sommes habitués. Ces arbres montent du sol sans transition, leur tronc est presque aussi gros en bas qu'en haut et s'effile à peine vers la cime. De même, le rapport de grandeur entre le tronc et les branches n'est pas aussi équilibré.

On peut également trouver de très petits rameaux poussant directement sur des troncs épais, et souvent, la ramure ne devient plus fine qu'à la tête de l'arbre. Parfois même, les angles d'inclinaison entre le tronc et les branches nous paraissent quelque peu audacieux.

En contemplant des bonsaï chinois, on remarque tout de suite à quel point nous avons repris le style des maîtres japonais. Nous sommes habitués à leurs formes nettes et harmonieuses et nous n'avons pas encore trouvé notre propre style. Il existe sûrement des exemplaires de bonsaï japonais qui sont tellement devenus des œuvres d'art qu'ils en ont perdu leur caractère naturel et il doit aussi exister des bonsaï chinois à la forme sans doute moins raffinée, mais qui, par là, gagne bien souvent en authenticité. Mais chacun des deux styles trouve beaucoup d'adeptes. Vous trouverez aux pages suivantes des reproductions de bonsaï chinois. Voici une liste des espèces chinoises les plus employées pour former des bonsaï.

Buxus microphylla	buis à petites feuilles
Bougainvillea glabra	bougainvillée
Carmona microphylla	carmona microphylla
Celtis chinensis	micocoulier de Chine
Elaeagnus angustifolia	olivier de Bohême
Ficus benjamina,	ficus benjamina,
Ficus retusa	ficus retusa
Gardenia jasminoides	gardénia
Glyptostrobus pensilis	cyprès de Chine
Jasminum nudiflorum	jasmin d'hiver
Juniperus chinensis	genévrier de Chine
Murraya paniculata	murraya paniculata
Nandina domestica	nandina domestica
Pinus parviflora	pin blanc du Japon
Pinus thunbergii	pin noir de Thunberg
Podocarpus macrophyllus	podocarpus macrophyllus
Pseudolarix amabilis	faux mélèze de Chine
Punica granatum	grenadier
Sageretia theezans	sageretia theezans
Serissa foetida	sérissa foetida
Ulmus parviflora	orme de Chine

Orme de Chine,
ulmus parviflora.
Taille env. 74 cm,
âge env. 40 ans.

Murraya paniculata. Taille env. 60 cm, âge env. 65 ans.

Orme de Chine, ulmus parviflora. Longueur env. 57 cm, âge env. 95 ans.

Orme de Chine, ulmus parviflora. Taille env. 55 cm, âge env. 50 ans.

Sageretia theezans, représentant un dragon. Longueur, env. 45 cm, âge env. 55 ans.

Bonsaï d'intérieur

Depuis peu, on a entrepris les premiers essais de culture de bonsaï en appartement. Aux États-Unis, les amateurs de bonsaï recherchent depuis des années déjà les espèces de bonsaï pouvant s'adapter à l'intérieur.

Toutes les plantes d'intérieur à petites feuilles et dont les branches se lignifient facilement peuvent être transformées en bonsaï.

Ce sont en général les essences tropicales et subtropicales. Les températures de nos maisons correspondent à leur climat d'origine. C'est pourquoi les variétés de caoutchoucs à petites feuilles, les gardénias, les scheffleras, les brassaïas par exemple s'adaptent bien dans nos maisons. Contrairement aux plantes subtropicales (plantes de serre froide) qui ne supportent pas de température d'intérieur trop élevée, les précédentes ne doivent pas être placées à une température inférieure à + 15°C. D'autre part, il a fallu leur trouver d'autres formes de croissance semblables à celles de leur pays d'origine. Celles-ci, exceptés les caoutchoucs, n'ont pas grand chose de commun avec les formes traditionnelles de bonsaï et n'égaleront jamais la fascination et la magie d'un pin blanc du Japon.

Ce sont les plantes de serre froide ou subtropicales qui se rapprocheront le plus des formes de bonsaï. Parmi elles, le bougainvillée, le citronnier, le camélia, le myrte, l'olivier de Bohème, le sérissa, etc. Les températures diurnes optimales convenant à ces plantes se situent en hiver entre + 8°C et + 12°C, avec des températures nocturnes entre +5°C à + 6°C, ce qui correspond aux écarts entre le jour et la nuit auxquels elles sont habituées de par leur origine. Ce refroidissement nocturne est particulièrement important pour les plantes lorsqu'elles sont exposées pendant le jour à des températures allant de 12°C à 16°C, soit un peu plus que la normale. Vous pouvez obtenir cette baisse nocturne en plaçant les petits arbres dans un endroit plus frais. La nuit, la température à proximité de la fenêtre est plus basse que dans le reste de la pièce. Vous pouvez encore l'abaisser en tirant un rideau épais pour isoler la fenêtre et créer une zone de température plus basse entre le rideau et la fenêtre. Choisissez pour ces plantes subtropicales une allège de fenêtre ou un endroit bien éclairé par la lumière du jour qui ne soit pas directement au-dessus du radiateur, ce qui autrement conviendrait parfaitement aux plantes tropicales. En été, ces variétés de bonsaï se plaisent à l'extérieur, à l'abri du vent et du soleil.

En automne, lorsque la température nocturne descend en dessous de + 5°C, ils peuvent être rentrés, mais ils peuvent aussi, durant l'été, rester dans un endroit frais et bien éclairé par la lumière du jour près de la fenêtre (à l'intérieur).

Il est très important de recréer pour les bonsaï d'intérieur des conditions les plus proches possible de celles que l'on trouve dans la nature: lumière, température et humidité de l'air.

Le meilleur emplacement est un endroit bien éclairé près d'une fenêtre au sud, mais en été, cela ne convient pas aux espèces subtropicales car une exposition au sud serait trop chaude. Si vous ne disposez pas d'un tel endroit, vous pouvez, lorsque la lumière est insuffisante, avoir recours à l'éclairage artificiel diffusé par exemple par des lampes Philips E 86 (160 W) que vous allumerez 16 heures par jour en été et 10 heures en hiver. Pour assurer un degré hygrométrique suffisamment élevé, il est important que les petits arbres soient vaporisés en plus de l'arrosage. Vous pouvez également augmenter l'humidité de l'air en les plaçant avec leur récipient dans de grandes coupes plates de céramique garnies d'une couche de graviers. Ainsi, l'eau excédentaire sera retenue par le gravier qui, en s'évaporant lentement, améliorera la circulation ainsi que l'humidité de l'air à proximité immédia-

te des bonsaï. Utilisez de l'engrais liquide pour vos bonsaï d'intérieur car les engrais organiques, notamment ceux en boulettes, se dissolvent en dégageant une odeur.
L'humus de fleurs avec du sable est un bon mélange qui a fait ses preuves pour les bonsaï d'intérieur. On ajoute de l'argile pour les plantes plus âgées, et le rempotage est effectué tous les 2 ans environ. Vous pouvez élever des bonsaï d'intérieur à partir de graines et de boutures ou de plantes d'appartement. Vous trouverez p. 176 une liste de végétaux qui peuvent devenir des bonsaï d'intérieur et aux pages suivantes, la description précise des bonsaï d'intérieur les plus recherchés.

Plantes subtropicales pour la réalisation d'un bonsaï

azalées rhododendros «simpsii»; rhod. obtusum.

Origine: Extrême-Orient

Arbustes à petites feuilles persistantes, brillantes, vert clair et vert foncé, fleurs aux couleurs très variées, floraison mai – juin.
Les espèces à petites fleurs se prêtent particulièrement à la transformation en bonsaï.
Après la floraison, enlevez tous les restes de fleurs fanées, 4 à 6 semaines plus tard, les nouveaux jets sont assez longs pour pouvoir être réduits à 1 ou 2 paires de feuilles. Supprimez immédiatement les rejets sur le tronc et à la naissance des racines.
Les azalées permettent toutes les formes d'arbres. Leurs rameaux sont très fragiles: on doit les ligaturer avec précaution, et pas en hiver.

Emplacement: En été, ou bien à l'intérieur, dans une pièce plus fraîche à proximité d'une fenêtre bien claire, ou bien (de mai à septembre) à l'extérieur, dans un endroit légèrement ombragé.
En hiver, tout près d'une fenêtre claire, entre 6° et 12°C.

Arrosage: Beaucoup d'eau pendant la floraison, moins ensuite, sans jamais laisser dessécher.

Engrais: De juin à août, seulement avec des engrais pour plantes à massif, pas d'engrais à la chaux.

Rempotage: Tous les 2 ans, avant la montée de la sève.

Terre: Tourbe, sable (70/30), ou tourbe pure avec 10% d'argile.

Multiplication: Par bouturage et greffage.

Camélia, Camellia japonica
Origine: Japon, Chine

Le camélia est un arbuste à feuilles persistantes brillantes, vert foncé, à consistance de cuir et au tronc lignifié, légèrement argenté. Belles fleurs blanches roses et rouges de décembre à mars. Il a un port droit et dense et s'adapte à toutes les formes de bonsaï. Après la floraison, enlevez les restes de feuilles. L'arbuste émet des bourgeons à feuilles et à fleurs qui peuvent être ligaturés de la fin de l'été à l'automne.

Emplacement: En été, de la mi-mai à la mi-septembre, à l'extérieur, dans un endroit légèrement ombragé ou à l'intérieur dans une pièce plus fraîche et bien aérée à proximité d'une fenêtre claire, orientée de préférence à l'est. En hiver, à l'intérieur comme précédemment entre 10°C et 12°C.

Arrosage: Maintenir humide avec de l'eau tempérée.

Fumure: Après la floraison, jusqu'en juillet, engrais pour plantes de massif.

Rempotage: Tous les 2 ans, avant la floraison, sans trop tailler les racines.

Terre: Sol acide avec un peu d'humus, pH 4,5 à 5,5, tourbe, sable, un peu de terre argileuse (3/2/1).

Multiplication: Très difficile par bouturage.

Camélia de forme presque verticale. Taille env. 25 cm, âge 7 ans.

Crassula arborescens
Origine: Afrique du Sud

Connu aussi sous le nom d'arbre de jade, à feuilles persistantes, charnues, d'un vert brillant. Il se prête bien à la transformation en bonsaï, car sa forme naturelle correspond à celle d'un petit arbre et n'a besoin en général que d'un rabattage des pousses et d'un nettoyage de la base du tronc. On ne ligature pas les crassulas car les fils blesseraient l'écorce des branches charnues.

Emplacement: En été, à l'intérieur dans une pièce plus fraîche à proximité d'une fenêtre claire, non exposée au sud, ou de mai à septembre, à l'extérieur, à l'ombre. Dès septembre, dans la maison, près d'une fenêtre au frais de 8°C à 12°C, car la chaleur fait tomber les feuilles.
Arrosage: léger
Fumure: au printemps, très peu.
Rempotage: Tous les ans au printemps.
Terre: Tourbe-sàble en parts égales.
Multiplication: Très facile à bouturer.

Arbre de jade, de forme rigoureusement verticale.
Taille 18 cm, âge 3 ans.
Cet arbre a été réalisé par Henry Lorenz, Oftersheim.

Grenadier: punica granatum nana
Origine: Bassin Méditerranéen

Arbre à petites feuilles caduques, pointues, d'un vert brillant, fleurs rose rouge en été et au début de l'automne, petits fruits du genre de la pomme. Vous pouvez réduire toutes les pousses à 1 ou 2 bourgeons floraux après la floraison, de septembre à octobre, ou au printemps, avant la montée de la sève. Ces petits arbres conviennent pour toutes les formes verticales de bonsaï et peuvent être également ligaturés de juin à septembre.

Emplacement: Toute l'année, à l'intérieur, dans une pièce bien aérée, à proximité d'une fenêtre exposée au sud, ou de mai à septembre, à l'extérieur, dans un endroit ensoleillé. Après la chute des feuilles, le reprendre à l'intérieur dans une pièce plus fraîche, à proximité d'une fenêtre, entre 6°C et 8°C.

Arrosage: Copieux en été, léger en hiver, sans laisser dessécher.

Fumure: Liquide dès le redémarrage de printemps jusqu'à la floraison.

Rempotage: Tous les 2 ans, avant la reprise de printemps.

Terre: Argile, sable, tourbe en parts égales.

Multiplication: Par bouturage ou semis.

Grenadier de forme presque verticale. Taille 12 cm, âge 8 ans, réalisé par M. Stuy.

Myrte, myrtus communis
Origine: Bassin Méditerranéen

Le myrte est un arbuste à petites feuilles brillantes vert foncé et fleurs blanches de mai à juin. Il supporte une taille fréquente des nouveaux jets et peut être ligaturé de mai à septembre. Il est facile à réaliser en tant que bonsaï et convient à toutes les formes. Particulièrement beau en forme de balai.

Emplacement: À partir de mai, à l'extérieur, à l'ombre, ou à l'intérieur, dans une pièce bien aérée et plus fraîche soit sur une allège de fenêtre, soit à proximité. En hiver, entre 18°C et 12°C (température idéale). Si cette moyenne est dépassée pendant le jour, le myrte a besoin d'une baisse de température nocturne.

Arrosage: Abondant en été, plus léger en hiver, sans laisser dessécher.

Fumure: Entre la montée de la sève et la floraison, engrais liquide tous les 15 jours, ensuite une fois par mois jusqu'en septembre.

Rempotage: Au printemps avant la montée de la sève.

Terre: Mélange d'argile et de tourbe, avec beaucoup de sable.

Multiplication: Par bouturage

Sérissa, serissa foetida
Origine: Chine

Appelé aussi «neige de juin» ou «arbre aux 1000 étoiles», petites feuilles persistantes et belles fleurs blanches en juin, quelques fleurs isolées pendant toute l'année. Il vit très bien et est facile à réaliser en bonsaï après la floraison, par la taille et le ligaturage. Dès que les pousses ont formé 3 ou 4 paires de feuilles, les réduire à 1 ou 2 paires.

Pour maintenir son port compact, il est nécessaire de tailler dans le vieux bois tous les 2 ans. Le serissa réagit souvent au changement d'emplacement par une importante défoliation, mais il récupère rapidement. La taille des racines dégage une odeur tenace, d'où son qualificatif latin «foetida», qui signifie malodorant. Le sérissa se prête à presque toutes les formes de bonsaï.

Emplacement: En été, à l'intérieur soit sur une allège de fenêtre bien claire soit à proximité, ou bien à l'extérieur à l'abri du soleil. En hiver, à l'intérieur comme précédemment entre 12°C et 16°C.

Arrosage: Beaucoup d'eau en été, humidité constante en hiver.

Fumure: Liquide du printemps à l'automne, sauf pendant la floraison principale.

Rempotage: Tous les 2 ans au printemps avant la montée de la sève.

Terre: Argile, sable, tourbe en parts égales.

Multiplication: Très facile par bouturage.

Serissa foetida
avec racines apparentes.
Taille 25 cm,
âge env. 8 ans.

Sageretia, sageretia theezans
Origine: Chine

Arbuste à petites feuilles persistantes, d'un vert clair brillant, et à l'écorce curieuse parsemée de taches vives, semblable à celle des platanes. Encore presqu'inconnu en Europe. Peut faire un bonsaï d'intérieur car il supporte sans ennui des températures assez élevées (18°C à 20°C) avec une bonne humidité de l'air. La nouvelle pousse doit être constamment réduite à 2 ou 3 paires de feuilles. Les branches gênantes peuvent être enlevées toute l'année. Ligaturez de juin à avril. Toutes les formes de bonsaï sont possibles. Cf p. 133, la photo d'un sageretia particulièrement beau.

Emplacement: En été, à l'intérieur, dans une pièce à proximité d'une fenêtre bien claire et ensoleillée ou à partir de mai, à l'extérieur: Ombragez légèrement par forte chaleur. En hiver, de préférence 12°C à 16°C, sinon de 18°C à 20°C, mais en faisant baisser la température nocturne et en vaporisant le feuillage dans la journée.

Arrosage: Abondant en été, plus leger en hiver, maintenir une humidité régulière.

Fumure: Liquide, tous les 15 jours à partir de la montée de la sève jusqu'en septembre.

Rempotage: Environ tous les 2 ans avant la montée de la sève.

Terre: Argile, sable, tourbe (2-1-2)

Multiplication: Par bouturage.

Plantes tropicales pour la réalisation d'un bonsaï
Schefflera (brassaia) actinophylla
Origine: Australie

Arbuste a feuilles persistantes vert brillant à long pétiole. Le tronc reste d'abord grêle et ne se ramifie pas comme les variétés tropicales de ficus. Le schefflera se prête bien à la forme rupestre, car il émet des racines comme les mangroves. Dès que le tronc a atteint la taille qui s'adapte à la pierre, taillez-le au-dessous des feuilles. La plante émet alors de nouveaux jets. En répétant l'opération, on obtient une multiplication du tronc. Le schefflera reste compact et développe de grosses racines.

Emplacement: À proximité d'une fenêtre très claire toute l'année. Plus il y aura de lumière, plus les pétioles seront courts et les feuilles petites. Température idéale entre 18 et 22°C, sans descendre au-dessous de 15°C. On peut placer les scheffleras près d'un radiateur.

Arrosage: Maintenir mouillé sur une couche de graviers.

Fumure: Une fois par mois, avec de l'engrais liquide dilué dans l'eau d'arrosage et avec de l'engrais pour plantes aquatiques (lawatit, lawaterr).

Multiplication: Par semis et bouturage.

Variétés de ficus, ficus benjamina, f. retusa, f. deltoidea etc.
Origine: Sud-est-asiatique

Les variétés de ficus à petites feuilles persistantes se prêtent parfaitement à la transformation en bonsaï, car elles forment de solides petits troncs, une ramure très fine et de petites feuilles brillantes qui ont la consistance du cuir. Toutes les formes de bonsaï sont possibles.

Les nouveaux jets doivent toujours être réduits à 2 ou 3 paires de feuilles. Les branches lignifiées et le tronc doivent être ligaturés très doucement sans serrer, car le fil métallique peut s'incruster au bout de 3 mois. La taille des feuilles en juin permet d'obtenir une ramure fine comme chez les feuillus. D'autre part, les nouvelles feuilles sont plus petites que les anciennes.

Emplacement: Toute l'année à proximité d'une fenêtre claire, évitez le plein soleil. Plus il y aura de lumière, plus le port sera dense. Évitez aussi les écarts de température et les courants d'air.
En hiver, maintenir au-dessus de 18°C.

Arrosage: Abondant en été pendant la croissance, léger s'il se trouve dans un endroit plus frais. En hiver, pendant la dormance, pas trop d'humidité.

Fumure: Liquide, à partir du bourgeonnement jusqu'à fin août.

Rempotage: Tous les 2 ans au printemps.

Terre: Les ficus se plaisent dans un terreau perméable et riche en humus.

Multiplication: Par semis et bouturage.

Ficus, forme en balai. Taille 25, âge env. 8 ans.

Ficus, ficus benjamina, tronc triple – Sankan.
Taille env. 45 cm, âge env. 15 ans.

Aralia ming, polyscias fructicosa. Forme rupestre – Ishitzuki.
Taille env. 40 cm, âge env. 10 ans.

Ficus, ficus retusa. Forme retombante – Kengaï.
Longueur env. 78 cm, âge env. 30 ans.

Ficus retusa. Forme verticale libre.
Taille 35 cm, âge env. 12 ans.

Ficus retusa, racines apparentes – Neagari.
Taille 70 cm, âge env. 100 ans.
Les racines sont ici en partie découvertes et forment le tronc.

Un vieux bonsaï chinois à petites feuilles, ficus benjamina. Taille env. 97 cm, âge env. 45 ans. Il fait partie de la collection de M. Pin Kewpaisal de Bangkok, Thaïlande. Cette sorte de bonsaï ne peut chez nous, qu'être un bonsaï d'intérieur.

Schefflera issu de semis, brassaia actinophylla, âge env. 12 ans, taille env. 30 cm.

Schefflera, brassaia actinophylla sur pierre de lave. Âge env. 4 à 8 ans.

Ficus deltoidea. Forme rupestre – Ishitzuki. Taille env. 48 cm, âge env. 10 ans.

Bambous, bambusa multiplex nana.
Taille 25 cm, âge env. 4 ans.
Cette variété s'élève à l'intérieur.

Variétés de Bonsaï d'intérieur
Plantes de serre froide

Azalea japonica + indica
Buxus microphylla
Bougainvillea glabra
Camellia japonica
Carmona microphylla
Cotoneaster microphyllus
Citrus paradiso, C. reticulata
Cryptomeria japonica
Cupressus arizonica
Cupressus ariz. «Gold crest»
Elaeagnus multiflora
Fuchsia
Hedera helix
Lagerstroemia indica
Myrtus communis
Nandina domestica
Olea europaea
Podocarpus macrophyllus
Punica granatum
Rosmarinus officinalis
Sageretia theezans
Serissa foetida
Ulmus parvifolia

Plantes tropicales

Araucaria heterophylla – araucaria
Schefflera actinophylla
Ficus benjamina, ficus retusa,
Ficus glomerata, ficus diversifolia
Ficus nerifolia – ficus, figuiers
Gardenia jasminoides – gardénia
Polyscias fructicosa – aralia ming

Petit lexique franco – japonais

Ara-kawacho	arbre à écorce grossière
Ara-ki	arbre fraîchement déterré apte à être transformé en bonsaï
Bankan	bonsaï à tronc courbe
Bonkei	paysages naturels plantés dans une coupe (pierres, plantes, figurines d'animaux, maisonnettes)
Bunjingi	bonsaï en forme dite «de l'érudit»
Chokkan	bonsaï à tronc vertical
Daiki	porte-greffe (tsugiho = greffon)
Eda-jin	branches blanchies artificiellement
Eda-nuki	taille de branches inutiles
Eda-uchi	harmonie de la ramure
Eda-zashi	taille des branches
Fukinagashi	bonsaï en forme battue par les vents
Gobo-ne	racine pivot
Goro-tsuchi	terre à gros grains
Ha-gari	émondage des feuilles
Hamizu	vaporiser les feuilles
Hankan	bonsaï au tronc très contourné
Han-kengaï	bonsaï en semi-cascade
Hariganekake	ligaturage
Ha-zashi	taille des feuilles
Hokidachi	bonsaï en forme de balai
Honbachi	coupe à bonsaï
Ikada	bonsaï en forme de radeau
Ishit-zuki	bonsaï rupestre
Ju-shin	cime de l'arbre
Ju-sei	croissance de l'arbre
Kabudachi	bonsaï à tronc multiple
Kabuwake	couper la racine
Kanju	arbres à feuilles caduques
Kannuki-eda	rameau disgracieux devant être coupé
Kansui	arrosage
Karikomi	taille des feuilles et des rameaux
Kengaï	bonsaï en forme de cascade
Kesho-tsuchi	terre décorative, sable blanc
Keto-tsuchi	tourbe

Ko-eda	fines ramilles
Kokejun	tronc qui monte en s'effilant
Komochi	= sokan: bonsaï à tronc double
Kuro-tsuchi	argile noire
Kuruma-eda	rameau disgracieux devant être coupé
Mame-bonsaï	bonsaï de moins de 10 cm
Meiboku	bonsaï très âgé
Me-tsumi	effeuiller
Mi-mono	bonsaï fructifère
Misho	faire pousser un bonsaï à partir de graines
Misho-mono	bonsaï à partir de graines
Mizu-gire	trop sec
Mizu-goke	mousse d'eau
Moyogi	bonsaï en forme presque verticale
Neagari	bonsaï dont la racine est un tronc couché
Nebari	forme des racines visibles
Nejikan	bonsaï au tronc en spirale
Netsuranari	forme de bonsaï à tronc multiple issu d'une même racine
Ne-zashi	taille des racines
Oki-goe	engrais en boulettes ou en poudre
Oyaki	plante-mère (marcottage aérien)
Roboku	bonsaï très âgé
Sabamiki	bonsaï au tronc fendu
Saikeï	paysages d'arbes et de rochers sans figurines
Sankan	bonsaï à tronc triple
Sashi-ho	bouture
Sashi-ki	multiplication par bouturage
Seishi	réaliser un bonsaï
Senteï	taille de l'arbre
Shakan	bonsaï à tronc incliné
Sharimiki	bonsaï écorcé
Shohaku	conifères
Shohin-bonsai	bonsaï de moins de 15 cm
Shoki	bonsaï prélevé dans la nature = yamadori-shitate, «misho»
Sokan	bonsaï à tronc double
Suiban	coupe plate sans trou d'évacuation
Suiseki	paysage rupestre créé dans un «suiban»
Tachia-gari	base du tronc
Tanegi	matériel à bonsaï
Tekishin	élimination des pousses
Tocho-shi	branche trop longue
Toriki	obtenir un bonsaï par marcottage aérien
Toriki-mono	bonsaï par marcottage aérien
Tsugi-ho	greffon (daiki = porte-greffe)
Tsugi-ki	obtenir un bonsaï par greffage
Tsuri-o-toru	fixer la plante au pot
Yamadori	recueillir des bonsaï dans la nature
Yamadori-shitate	bonsaï à partir d'un sauvageon
Yobi-tsugi	greffe d'une branche
Yose-ue	plantations en groupe, formes forestières

Noms japonais d'arbres

Abricotier du Japon	ume
Azalée du Japon	satsuki
Bambou	take
Buis	tsuge
Buisson ardent	tachibana-modoki
Camélia	tsubaki
Charme du Japon	soro
Cerisier du Japon	fuji-sakura
Cerisier sauvage du Japon	yama-sakura
Cognassier de Chine	karin
Cognassier élégant	chojubaï
Cognassier du Japon	boke
Cotonéaster horizontalis	beni-shitan
Cyprès à branches courtes	hinoki
Cryptoméria du Japon	sugi
Épine-vinette	shobyaku
Érable de Bürger	kaede
Érable du Japon	momiji
Érable rouge du Japon	deshojo
Érable rouge du Japon (dissectum)	segen
Fusain	mayumi
Gardénia	kuchinashi
Genévrier rigide	tosho
Genévrier de Chine	shinpaku
Ginkgo (arbre aux 40 écus	icho
Glycine	fuji
Grenadier	zakuro
Houx de Siebold	umemodoki
Hêtre à feuilles crénelées	buna
If	ichii
Jasmin d'hiver	obaï
Lagerstroemie	hyakujikko
Lilas de Chine	lilac
Magnolia en étoile	kobushi
Mélèze du Japon	kara-matsu
Noyer	mansaku
Elaeagnus multiflora	gumi
Orme	akinire
Picea jezoensis	ezo-matsu
Pin à feuilles serrées	aka-matsu
Pin blanc du Japon	goyo-matsu
Pin noir de Thunberg	kuro-matsu
Pin noir de Thunberg à écorce épaisse	nishiki-matsu
Pommier	himeringo
Pommier sauvage	kaïdo
Potentille frutescente	kinrobaï
Saule pleureur	yanagi
Spirée	shimotsuke
Stevartia	natsutsubaki
Troène du Japon	mizuki
Zelkova	keyaki

Tableau des formes de Bonsaï	
	Chokkan – rigoureusement verticale
	Moyôgi – presque verticale
	Shakan – penchée
	Fukinagashi – battue par les vents
	Han-kengaï – en semi-cascade
	Kengaï – en cascade
	Hokidachi – en balai
	Ishitzuki – rupestre
	Sankan – à tronc triple
	Yose-ue – forestière
	Sokan – à tronc double
	Kabudachi – à tronc multiple
	Ikada – en radeau
	Netsuranari – rampante
	Bunjingi – de l'érudit

Tableau de correspondance entre coupes et formes de Bonsaï

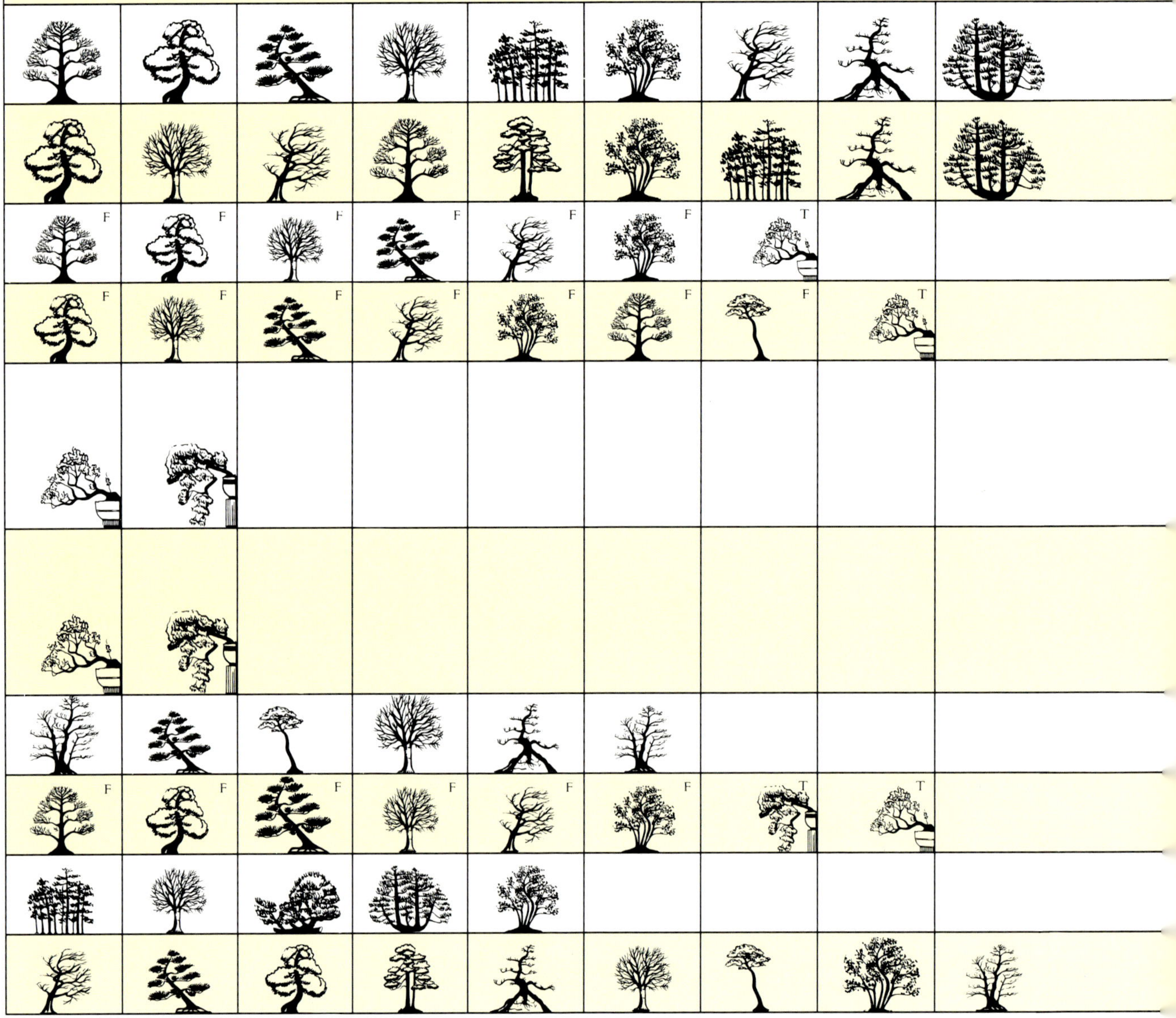

Formes des coupes		Position de l'arbre dans sa coupe
rectangulaire	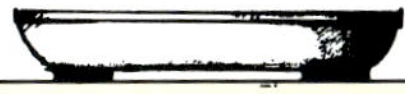	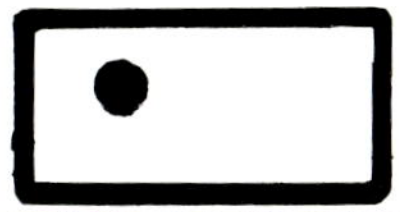
ovale	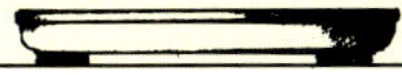	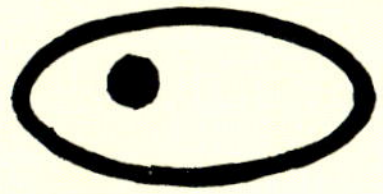
carrée		
ronde		
haute et carrée		
haute et ronde		
en lotus		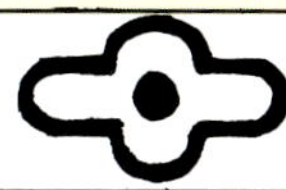
hexagonale ou octogonale		
plateau avec ou sans pieds		
ronde et plate		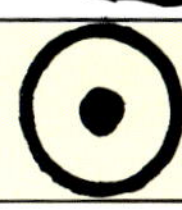

F = plat, T = profond

Tableau d'entretien et de création des Bonsaï

Résistance au gel: Bonne: sauf par froid rigoureux, cf. p. 144. **Limitée:** jusqu'à −5°C. Autant que possible, mettre à l'abri du gel entre 0°C et +8°C. **Craint le gel:** hivernage entre +4°C et +6°C. Toutes ces interventions sont données à titre indicatif. Elles peuvent varier en fonction des conditions climatiques locales.

Espèce	Description	Taille des branches	Taille des pousses	Ligaturage
Abies alba Sapin argenté Pinacées	conifère à feuilles persistantes, forme pyramidale, cônes dressés	mars–avril avant la pousse	de mai à septembre, laisser les jets pousser de 3 cm, réduire à 1 cm	toujours sauf pendant la pousse
Acer buergerianum Érable de Bürger Acéracées	arbre à feuilles tridentées et d'un jaune orangé brillant à l'automne	février–mars avant la pousse; en septembre pour les ramilles	mai–septembre, rabattre souvent à 1 ou 3 paires de feuilles	mars ou juin après la taille des feuilles
Acer palmatum Érable du Japon Acéracées	arbre à fines petites feuilles vertes, ramure fine, rouge feu en automne	février–mars, avant la pousse, les petites feuilles en septembre aussi	après la pousse jusqu'en septembre. Réduire souvent à 1 ou 3 paires de feuilles	mars ou juin, après la taille des feuilles
Acer palmatum «atropurpureum» Érable rouge du Japon Acéracées	feuillu aux fines petites feuilles vertes, ramure fine et coleur pourpre en automne	février–mars, la pousse, les petites feuilles en septembre aussi	après la pousse jusqu'en septembre. Réduire à 1 ou 3 paires de feuilles	mars ou juin, après la taille des feuilles
Amelanchier canadensis Amélanchier du Canada Rosacées	arbuste feuillu à fleurs blanches, pousses à couleur de bronze teinte rouge en automne	mars–avril avant la pousse ou en automne après la chute des feuilles	en juin–juillet rabattre une fois les pousses jusqu'à 2 à 3 cm; en septembre, raccourcir les pousses trop longues	du printemps à l'automne
Betula nigra Bouleau noir Bétulacées	très beau feuillu, tronc blanc, vert tendre, se pare de chatons au printemps	mars–avril, avant la pousse	rabattre les jets jusqu'à 1 ou 2 yeux	juin–juillet
Buxus microphylla Buis Buxacées	buisson à petites feuilles persistantes ou arbre à écorce blanc jaunâtre	mars–avril, avant la pousse	rabattre souvent les jets jusqu'à 2 ou 3 yeux	toujours, sauf par grand froid
Camellia japonica Camélia Théacées	arbuste à feuilles persistantes et à consistance de cuir, fleurs de décembre à mars	mars–avril, avant la pousse	avril–septembre, réduire 1 fois à 1 ou 2 yeux	juillet–septembre
Carpinus laxiflora Charme Bétulacées	feuillu à ramure fine, très beau lors de la pousse de printemps	mars–avril, avant la pousse	avril–septembre, réduire souvent à 1 ou 2 yeux	juin–juillet
Carmona microphylla Carmona microphylla Rosacées	arbuste persistant, petites feuilles brillantes et ovales, petites fleurs au printemps et en été	mars–avril, avant la pousse	après la première floraison, réduire à 1 ou 2 yeux, après la 2éme, réduire encore à 2 yeux	toujours
Cedrus Libani Cèdre du Liban Pinacées	conifère persistant, cônes dressés, majestueux	mars–avril, avant la pousse	en juin, réduire les jets à 2 fascicules	toujours

Arrosage: Conseils généraux. C'est vous qui apprécierez les besoins en eau de votre bonsaï.
Cela dépend de la température, de l'humidité de l'air et de l'état de la plante. Réduisez l'arrosage pendant la période de végétation.
Voir détails p. 134.

Rempotage	Emplacement	Résistance au gel	Arrosage	Fumure	PH
avant la pousse, en mars–avril, les jeunes sujets tous les 2 ans, les vieux tous les 5 ans	légèrement ombragé	bonne	abondant	abondante après la pousse jusqu'en septembre	5,8–6,0
avant la pousse, les jeunes sujets tous les 1 à 2 ans, les vieux tous les 2 à 3 ans	légèrement ombragé en plein été	limitée	abondant	après la pousse, en boulettes ou liquide 1 x par mois	5,5–5,8
avant la pousse, les jeunes sujets tous les 1 à 2 ans, les vieux tous les 2 à 3 ans	légèrement ombragé en plein été	limitée	abondant	après la pousse, en boulettes ou liquide 1 x par mois	5,5–5,8
avant la pousse, les jeunes sujets tous les 1 à 2 ans, les vieux tous les 2 à 3 ans	légèrement ombragé en plein été	limitée	abondant	après la pousse, en boulettes ou liquide 1 x par mois	5,5–5,8
avant la pousse, les jeunes sujets tous les 2 ans, les vieux tous les 4 à 5 ans	plein soleil	bonne	modéré	après la pousse, en boulettes ou liquide 1 x par mois	5,8–6,0
avant la pousse, les jeunes sujets tous les 2 ans	plein soleil	bonne	modéré	d'avril à septembre 1 x par mois, liquide ou en boulettes	4,8–5,5
avant la pousse, tous les 2 ans	plein soleil ou ombre	limitée	abondant	d'avril à septembre, 1 x par mois, liquide ou en boulettes	5,5–6,0
après la floraison, tous les deux ans	pénombre	craint le gel	abondant	avril–juin avec engrais pour plantes de massif, tous les 15 jours	4,5–5,5
avant la ousse, les jeunes arbres tous les 2 ans, les vieux tous les 3 à 5 ans	plein soleil, bien aéré	bonne	abondant	après la pousse, 1 x par mois jusqu'à septembre	5,8–6,0
avant la pousse, tous les 2 ans	légérement ombragé	craint le gel, maintenir au-dessus de 8°C	abondant	avril–septembre, 1 x par mois, sauf pendant la floraison	5,5–6,0
avant la pousse, les jeunes sujets tous les 2 ans, les vieux tous les 2 à 5 ans	plein soleil	limitée	abondant	après la pousse, jusqu'en septembre, 1 x par mois, liquide ou en boulettes	5,8–6,0

Espèce	Description	Taille des branches	Taille des pousses	Ligaturage
Celtis chinensis Micocoulier de Chine Ulmacées	variété d'orme feuillu au tronc gris argenté, frondaison ronde et feuilles ovales	mars–avril avant la pousse	jusqu'en septembre, réduire souvent les jets à 1 ou 3 yeux	juin–août
Chaenomeles chinensis Cognassier de Chine Rosacées	feuillu aux magnifiques rameaux épineux, fleurs blanches, roses et rouges avant la pousse	mars–avril	après la floraison réduire toutes les pousses à 1 ou 2 yeux et en septembre, à 4 ou 5 yeux	pas possible
Chamaecyparis Chamaecyparis (faux cyprès) Cupressacées	conifère à feuilles persistantes, petites et écailleuses et à ports variés	mars–avril et septembre–octobre	pincer souvent les jets aux 2/3	février–mars septembre–octobre
Cotoneaster Cotonéaster Rosacées	espèces à ports variés persistantes ou caduques Belle couleur en automne avec des baies rouge vif	mars–avril, avant la pousse	en juin, réduire les jets à 2 ou 3 yeux, raccourcir les longues pousses en septembre	toujours
Crassula arborescens Crassule, arbre de jade Crassulacées	plante grasse, arbustive persistante à petites feuilles vert foncé	mars–avril avant la pousse	réduire fréquemment à 1 ou 2 paires de feuilles	pas possible
Crataegus Aubépine Rosacées	feuillu à fleurs blanches roses ou rouges et à fruits rouges, jaunes ou noirs. Magnifique couleur en automne. Très épineux	mars–avril avant la pousse	juin–juillet, réduire d'abord les jets à 2 ou 3 cm, en septembre, raccourcir légèrement les pousses trop longues	juin–juillet
Cupressus (sempervirens) Cyprès méditerranéen Cupressacées	arbre persistant, élancé et à croissance rapide, petites feuilles écailleuses	au printemps, avant la pousse	jusqu'à début septembre pincer constamment les jets aux 2/3	février–mars septembre–octobre
Cryptomeria japonica Cryptoméria du Japon Taxodiacées	Conifère persistant à croissance lente, rougeâtre à brun foncé en automne, vert tendre au printemps	février–mars	réduire les jets en mai–juin à 2 ou 3 yeux	février–mars septembre–octobre
Elaeagnus angustifolia Olivier de Bohême Eléagnacées	buisson semi-persistant ou arbre à branches épineuses, feuilles minces et argentées, fructifère	mars–avril, avant la pousse ou en septembre	réduire les jets mai–juin à 2 ou 3 yeux	juin–juillet
Fagus silvatica Hêtre Fagacées	grand arbre à feuilles brunes en automne qui ne tombent qu'avant la pousse de printemps	mars–avril avant la pousse ou en septembre	réduire les jets en mai–juin à 2 ou 3 yeux	juin–juillet
Ficus Variétés de ficus Moracées	feuillu tropical persistant. Les variétés à petites feuilles conviennent à la formation en bonsaï	toujours	réduire les jets constamment à 2 ou 3 feuilles	toujours, mais pas plus de 3 mois

Rempotage	Emplacement	Résistance au gel	Arrosage	Fumure	PH
avant la pousse, les jeunes sujets tous les 2 ans, les vieux tous les 3 à 4 ans	plein soleil	limitée	abondant	après la pousse, 1 x par mois jusqu'en septembre en boulettes ou liquide	5,5–5,8
en septembre–octobre seulement, tous les deux ans	plein soleil	bonne	abondant	après la floraison, tous les 15 jours jusqu'en octobre	5,8–6,0
mars–mai, tous les 2 ans	légérement ombragé	bonne	abondant	avril–octobre, 1 x par mois	5,5–5,8
avant la pousse, les jeunes sujets tous les 1 à 2 ans les vieux tous les 2 à 4 ans	plein soleil	bonne	abondant	après la pousse, tous les 15 jours jusqu'en octobre	5,5–5,8
avant la pousse, mars–avril, tous les 2 ans	légérement ombragé	jusqu'à +5°C	très léger	juin–août, 1 x par mois	5,5–5,8
avant la pousse, mars–avril, les jeunes sujets tous les 1 à 2 ans les vieux tous les 3 à 5 ans	plein soleil	bonne	abondant	après la pousse, jusqu'en septembre 1 x par mois	5,8–6,0
mars–avril, tous les 2 ans	plein soleil	craint le gel	abondant	mai–octobre, 1 x par mois	5,5–5,8
mars–mai, tous les 2 ans	plein soleil	limitée	abondant	avril–octobre, 1 x par mois	5,5–5,8
avant la pousse, les jeunes sujets tous les 1 à 2 ans, les vieux tous les 3 à 5 ans	plein soleil	bonne	modéré	après la pousse, jusqu'à fin septembre, tous les 15 jours	5,8–6,0
avant la pousse, les jeunes sujets tous les 1 à 2 ans, les vieux tous les 3 à 5 ans	plein soleil	bonne	abondant	après la pousse, jusqu'à fin septembre, 1 x par mois	5,8–6,0
au printemps, tous les 2 ans	à l'intérieur à 18°C	craint le gel	modéré	avril–août 1 x par mois	5,5–6,0

Espèce	Description	Taille des branches	Taille des pousses	Ligaturage
Gardenia jasminoides Gardénia Rubiacées	arbuste persistant très ramifié, feuilles ovales et brillantes, fleurs blanches très odorantes	mars–avril avant la pousse	après la floraison, réduire toutes les pousses à 2 ou 3 paires de feuilles et les rejets à 2 ou 3 yeux en juillet	juin–juillet
Ginkgo biloba Ginkgo (arbre aux 40 écus) Ginkgoacées	le plus vieil arbre de la terre, 200 millions d'années. Feuillu à pétiole court, feuilles en éventail et dorées en automne	mars–avril, avant la pousse	rabattre les jets des jeunes sujets jusqu'à 4 ou 5 feuilles, les vieux jusqu'à 1 ou 2 feuilles	juin–juillet
Hedera helix Lierre Araliacées	plante grimpante persistante, formes variées de feuilles, fleurs jaune vert et fruits noirs bacciformes	mars–avril ou septembre	réduire les jets toujours à 2 ou 3 feuilles	toujours
Jasminum nudiflorum Jasmin d'hiver Oléacées	arbuste rustique à feuilles caduques, branches quadrangulaires retombantes, fleurs jaunes en janvier–février	mars–avril	après la floraison, réduire toutes les pousses à 1 ou 2 yeux, et en juillet les rejets à 2 ou 3 yeux	juin–juillet
Juniperus chinensis Genévrier de Chine Cupressacées	l'une des 45 variétés que l'on trouve du Grand Nord au Bassin Méditerranéen	mars–avril septembre–octobre	pincer sans arrêt les jets aux 2/3 jusqu'à début septembre	septembre–octobre février–mars
Juniperus rigida Genévrier rigide Cupressacées	arbre persistant à aiguilles piquantes fasciculées par 3, cônes charnus, bleus, verts et rouges	février–mars	jusqu'à début septembre, pincer sans cesse les jets jusqu'à 1/2 cm	septembre–octobre février–mars
Larix decidua Mélèze Pinacées	conifère. Jeune, croît rapidement. Perd ses aiguilles dorées en automne. Touffes d'aiguilles comme les cèdres, cônes dressés	mars–avril, avant la pousse	de juin à septembre, réduire les jets à 1 ou 2 touffes d'aiguilles	septembre–octobre février–mars
Magnolia Magnolia Magnoliacées	arbre à feuilles généralement caduques, fleurit souvent avant la pousse, fleurs blanches, roses et rouges en forme d'étoile ou de tulipe	mars–avril, avant la pousse	après la floraison, réduire les pousses à 2 yeux	juin–juillet
Malus halliana Pommier du Japon Rosacées	magnifique feuillu aux brillantes feuilles ovales, fleurs roses sur pétioles pourpres, pommes rouges de la grosseur d'une cerise; de l'automne à l'hiver	mars–avril, avant la pousse	en juin, réduire les jets à 1 ou 2 cm. En septembre, réduire les longues pousses à 1 cm	juin–juillet

Rempotage	Emplacement	Résistance au gel	Arrosage	Fumure	PH
avant la pousse de printemps, tous les 2 ans	pénombre ou à l'intérieur	craint le gel	abondant	mai à septembre, 1 x par mois	5,5–6,0
avant la pousse de printemps, les jeunes sujets tous les 1 à 2 ans, les vieux tous les 3 à 5 ans	plein soleil	bonne	abondant	avril à fin septembre, 1 x par mois	5,8–6,0
avant la pousse de printemps, les jeunes sujets tous les 1 à 2 ans, les vieiux tous les 3 à 5 ans	plein soleil et pénombre ou à l'intérieur	bonne	abondant	arvril à fin septembre, tous les 15 jours	5,8–6,0
aprés la floraison, mars–avril ou septembre–octobre, tous les 2 ans	plein soleil	bonne	abondant	mars–octobre, toutes les 6 semaines	5,8–6,0
avant la pousse, tous les 2 ans	plein soleil	bonne	abondant	avril–octobre, 1 x par mois	5,8–6,0
avant la pousse, tous les deux ans	plein soleil	bonne	abondant	avril–octobre, 1 x par mois	5,8–6,0
avant la pousse, tous les 2 ans	plein soleil	bonne	abondant	avril–octobre, 1 x par mois	5,8–6,0
avant la pousse, tous les 2 ans	plein soleil	bonne	modéré	après la floraison, jusqu'à septembre 1 x par mois	5,8–6,0
1 x par an, en octobre	plein soleil	bonne	abondant	après la floraison, jusqu'à septembre 1 x par mois	5,8–6,0

Espèce	Description	Taille des branches	Taille des pousses	Ligaturage
Picea Épicéa Pinacées	conifère robuste à aiguilles persistantes. Forme pyramidale. Cônes pendants.	février–mars, octobre	jusqu'à juillet, laisser pousser les rejets jusqu'à 2 cm, puis réduire à 0,5 ou 1 cm	octobre à mars
Pinus Variétés de pins à 2 aiguilles Pinacées	arbre à aiguilles courtes ou longues, persistantes, à croissance rapide. Petits cônes pendants	février–mars, octobre	en juin–juillet, supprimer entièrement les jets. Cf. p. 84	octobre à mars
Pinus parviflora (Var. pentaphylla) Pin blanc du Japon Pinacées	pin à aiguilles quinées à croissance lente, petites aiguilles, couleur bleu acier à vert	février–mars, octobre	en mai–juin, couper les bourgeons d'1/3 à 2/3 avant leur éclosion	octobre à mars
Podocarpus macrophylla Podocarpus macrophylla Podacarpacées	arbres à feuillage persistant et arbuste à aiguilles spiralées	avant la pousse, mars–avril	en mai–juin, réduire les jets à 1 cm dès qu'ils ont atteint 3 cm	mars, arvil, octobre
Potentilla fruticosa Potentille frutescente Rosacées	arbuste à feuilles caduques, curieuse écorse brun-rouge. Feuilles vert clair, finement dentelées. Fleurs jaunes (mai–octobre)	avant la pousse, mars–avril	avant la pousse, ne réduire à 1 ou 2 cm que les pousses d'1 an	juin, juillet
Prunus mume Abricotier du Japon Rosacées	arbre à feuillage caduc. Fleurs blanc-rosé en janvier–février	après la floraison, février–mars	après la floraison, réduire toutes les pousses à 2 ou 3 yeux. En août, raccourcir les pointes de toutes les pousses, en septembre réduire encore à 4 ou 5 yeux	juin, juillet
Prunus serrulata Cerisier du Japon Rosacées	cerisier sauvage d'Extrême–Orient, à feuillage caduc. Branches dressées, écorce brune, fleurs rose blanc, fin avril–mai	après la floraison, en mars–avril	après la floraison, réduire toutes les pousses à 2 yeux. Ensuite réduire les rejets à 2 ou 3 yeux	juin, juillet
Pyracantha angustifolia Buisson ardent Rosacées	feuillu épineux persistant. Fleurs blanches en été. Nombreux fruits rouges et jaunes de septembre à décembre	avant la pousse, mars–avril	en mai, réduire les jets à 2 yeux. En septembre, raccourcir les pousses trop longues	juin, juillet
Serissa foetida «arbre aux 1000 étoiles» Rubiacées	arbre tendre à feuillage persistant. Feuilles opposées, ovales et étroites. Petites fleurs blanches	toujours	après la floraison, réduire toutes les pousses à 1 ou 2 paires de feuilles	toujours
Taxus cuspidata If Taxacées	arbre à aiguilles persistantes, larges et vert foncé. Graines charnues rouge vif	avant la pousse, mars–avril	en mai–juin, réduire les jets à 1 cm dès qu'elles atteignent 3 cm	mars, avril, octobre
Zelkova serrata Orme du Japon Ulmacées	arbre à feuillage caduc, tronc vertical, branches longues et ramifiées, petites feuilles ovales dentelées	avant la pousse, mars–avril	jusqu'à septembre réduire constamment les jets à 1 ou 3 yeux	juin, août

Rempotage	Emplacement	Résistance au gel	Arrosage	Fumure	PH
avant la pousse ou en septembre, tous les 2 ans	plein soleil, légèrement ombragé en plein été	bonne	abondant	d'avril à octobre, 1 x par mois	5,5–5,8
avant la pousse ou en septembre, tous les 2 ou 3 ans	plein soleil	bonne	abondant	d'avril à octobre, 1 x par mois	5,8–6,0
avant la pousse ou en septembre, tous les 2 ou 3 ans	plein soleil	bonne	modéré	d'avril à octobre, 1 x par mois	5,8–6,0
avant la pousse, tous les 1 ou 2 ans	plein soleil ou pénombre	craint le gel	abondant	mai, juin, septembre, octobre, 1 x par mois	5,8–6,0
avant la pousse, tous les 1 ou 2 ans	plein soleil	bonne	abondant	d'avril à septembre, 1 x par mois	5,5–5,8
après la floraison tous les 1 ou 2 ans	plein soleil	limitée	modéré	de mars à juin, 1 x par mois	5,8–6,0
après la floraison tous les 1 à 2 ans	plein soleil	bonne	modéré	après la floraison, mai–septembre 1 x par mois	5,8–6,0
avant la pousse, au printemps, tous les 2 ans	plein soleil	bonne	abondant	de mai à fin septembre, 1 x par mois, sauf pendant la floraison	5,5–5,8
avant la pousse, tous les 1 ou 2 ans	légèrement ombragé	craint le gel	abondant	d'avril à septembre, 1 x par mois	5,5–5,8
avant la pousse, tous les 1 ou 2 ans	plein soleil ou pénombre	bonne	modéré	mai, juin, septembre, octobre, 1 x par mois	5,8–6,0
avant la pousse, les jeunes sujets tous les 2 ans, les vieux tous les 3 à 4 ans	plein soleil	limitée	abondant	après la pousse jusqu'en septembre, 1 x par mois en liquide ou en boulettes	5,5–5,8

Formes et feuilles des arbres de nos pays

Les croquis des feuilles vous aideront à identifier les plantes; les formes des arbres peuvent servir de modèles à bonsaï.

Larix europaea
Mélèze d'Europe

Sageretia theezans
Sageretia

Fagus crenata
Hêtre à feuilles crénelées

Zelkova serrata
Orme du Japon

Taxus baccata
If commun

Ginkgo biloba
Ginkgo
(arbre aux 40 écus)

Cedrus deodora
Cèdre de l'Himalaya

Cedrus atlantica
Cèdre de l'Atlas

Cedrus libani
Cèdre du Liban

Tsuga canadensis
Pruche de l'Est
(Tsuga du Canada)

Picea abies
Épicéa

Pinus sylvestris
Pin sylvestre

Ulmus carpinifolia
Orme

Acer pseudoplatamus
Sycomore

Betula verucosa
Bouleau blanc

Quercus robur
Chêne commun

Salix babylonica
Saule pleureur

Carpinus betulus
Charme

Malus domestica
Pommier

Fagus sylvatica
Hêtre

Ginkgo biloba
Ginkgo
(arbre aux 40 écus)

Celtis chinensis
Micocoulier de Chine

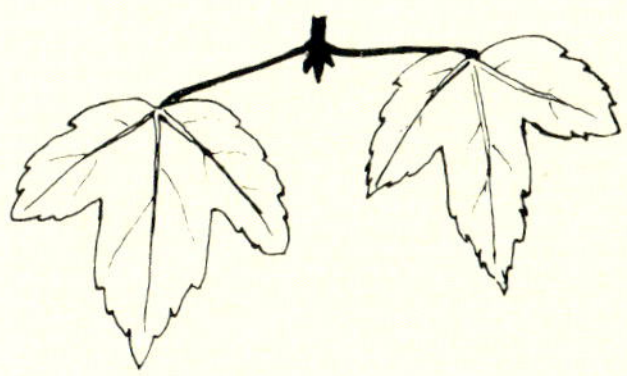

Acer buergerianum
Érable de Bürger

Acer palmatum atropurpureum
Érable rouge du Japon

Acer palmatum dissectum
Érable du Japon (dissectum)

Calendrier des travaux

Janvier—Février

Emplacement:

Les bonsaï se plaisent dans un lieu d'hivernage éclairé, mais doivent être protégés du plein soleil, sinon cela suffit à relancer leur végétation. Le soleil d'hiver est sans doute capable de réchauffer les rameaux, sans pour autant dégeler les racines. De la sève, qui ne provient pas des racines, se met alors à circuler dans les branches et il s'ensuit une perte par évaporation qui peut les endommager. Assurez-vous donc également que vos plantes soient protégées des chutes de neige (provenant des toits par exemple, au cas où elles se trouveraient sous des gouttières ou sous de grands arbres dans le jardin).

Arrosage:

Vérifier assez souvent que les arbres aient assez d'humidité. Les bonsaï qui hivernent à l'extérieur ne doivent pas être bassinés, mais seulement arrosés avec mesure.

Fumure:

Pas d'engrais pendant la période de repos.

Protection contre les parasites:

Tous les bonsaï peuvent, à titre préventif, être traités avant le printemps contre les parasites et les champignons. Si les derniers jours de février sont printaniers, vous pouvez déjà commencer les travaux de mars.

Mars—Avril

Emplacement:

S'il ne gèle pas, découvrez-les ou laissez-les dans leurs quartiers d'hiver; s'il risque de geler, recouvrez-les.

Arrosage:

C'est le moment où de nombreux bonsaï repartent et ont, par conséquent, besoin de plus d'eau. Comme l'arrosage stimule la croissance, n'arrosez donc pas trop car les arbres se mettent à pousser bien trop vite et produisent des jets à grandes feuilles beaucoup trop espacées.

Fumure:

Vous pouvez commencer à mettre de l'engrais après la première montée de sève, mais modérément pour ne pas donner un coup de fouet!

Rempotage:

Presque tous les bonsaï peuvent-être rempotés entre la montée de la sève et l'apparition des premières petites feuilles. N'oubliez pas de rabattre les racines. Les arbres à aiguilles qui bourgeonnent plus tard peuvent être rempotés jusqu'à fin mai.

Protection contre les parasites:

Vous pouvez effectuer une pulvérisation de printemps contre les parasites et les maladies cryptogamiques.

Taille des branches:

Toutes les branches gênantes peuvent être éliminées avant la pousse. Vous pouvez aussi ligaturer (cf. tableau p. 182). Mars et avril sont, selon les régions, des mois propices au prélèvement de bonsaï dans la nature. Lorsque le sol est dégelé et que les plantes commencent à repartir, c'est le moment de déterrer et de transplanter les petits arbres. En haute montagne, ceci n'est possible qu'à partir de mai—juin. Mars et avril sont les mois des semis et des greffes avant la reprise. C'est aussi le moment de couper les boutures de conifères.

Mai—Juin

Emplacement:

Les arbres retrouvent leur emplacement d'été et restent encore protégés des gelées blanches possibles jusqu'à la mi-mai. La plupart des bonsaï aiment l'ensoleillement. Seuls, des feuillus très sensibles, comme les variétés d'érable doivent être protégés du soleil ardent (cf. tableau p. 182). N'oubliez pas de les tourner de temps en temps afin qu'ils aient un développement équilibré.

Arrosage:

Par temps chaud, les plantes ont davantage besoin d'eau, mais ne les arrosez pas plus qu'il ne faut. Les bourgeons des pins, par exemple, qui sortent à ce moment-là, auront des aiguilles très courtes, s'ils sont peu arrosés. Par très forte chaleur, ne vaporisez les arbres que le matin et en fin d'après-midi.

Fumure:

Les feuillus à croissance rapide ont besoin de plus d'engrais que les conifères à croissance lente. Alternez l'engrais organique et l'engrais liquide.

Rempotage:

Les arbres à bourgeons tardifs comme les conifères et quelques feuillus peuvent subir un second rempotage.

Taille:

En mai et juin, il faut rabattre les jets de toutes les espèces de bonsaï et retirer totalement ceux des pins noirs. Il est possible de tailler les feuilles des feuillus jusqu'à la mi-juillet. Beaucoup parmi eux peuvent être ligaturés jusqu'en août. Jusqu'à la fin juin, prélevez des plançons sur les arbres à feuillage caduc.

Juillet—Août

Emplacement:

Si nécessaire, ombragez les bonsaï et tournez-les de temps en temps.

Arrosage:

Comme en mai—juin, bassinez tôt le matin et en fin d'après-midi, sinon ne versez l'eau que dans les coupes. Si l'été est très chaud, il est conseillé de recouvrir entièrement la terre de mousse pour réduire l'évaporation et protéger les racines de la chaleur. Bien hydratés, protégés de mousse humide et de surcroît, mis à l'ombre, vos bonsaï peuvent se passer d'eau pendant 2 ou 3 jours, même en été.

Fumure:

S'il fait très chaud, ne mettez pas d'engrais. D'une façon générale, il ne faut pas en utiliser autant, car la période de croissance se termine.

Taille:

Il est encore nécessaire de raccourcir les jets chez de nombreuses espèces. En juillet—août, les greffes d'arbres à aiguilles et l'écussonnage peuvent avoir lieu.

Septembre—Octobre

Emplacement:

Dès la mi-octobre, il vaut mieux protéger des gelées blanches les espèces fragiles.

Arrosage:

Plus ou moins selon le temps.

Fumure:

Cessez d'en donner à la fin septembre. Pour favoriser l'aoûtement et la résistance générale, vous pouvez utiliser, en plus, de la potasse ou du sulfate de potasse.

Rempotage:

Les espèces résistantes de bonsaï, telles que les pins, peuvent encore être rempotées en octobre.
En septembre—octobre, prélevez les graines et les boutures de conifères. En octobre, retirez les vieilles aiguilles et les branches inutiles des pins et rabattez à 4 ou 5 yeux à fleurs les pousses des abricotiers, par exemple.

Protection contre les parasites:

Il peut être nécessaire de pulvériser les feuillus contre le mildiou. Ce champignon se développe souvent lorsque les arbres sont bassinés trop tard et ne peuvent sécher à temps avant la fraîcheur du soir.

Novembre—Décembre

Emplacement:

Mettez les arbres dans leurs quartiers d'hiver.

Arrosage:

Arrosez auparavant copieusement et veillez à ce que la terre reste légèrement humide. Vous pouvez greffer les conifères durant les mois d'hiver (novembre, décembre, janvier, février).

Petit lexique de l'amateur de Bonsaï
– jardinier débutant –

A

Aisselle des feuilles: l'intervalle compris dans l'angle formé par la feuille et le rameau.
Anthère: extrémité de l'étamine qui contient le pollen.
Aoûtement: durcissement au cours de l'été d'une jeune pousse de l'année.
Auxine: hormone favorisant la prise des boutures.

B

Baccifère: qui porte des baies.
Bassiner: arroser le feuillage avec une pomme fine.

C

Cerner: trancher les racines d'un arbre que l'on veut déterrer.
Chevelu: le réseau de fines radicelles à l'extrémité des racines.

D

Dormance: période de repos naturel d'un végétal.

E

Enjauger: mettre les rameaux destinés à être bouturés à l'abri, dans une tranchée, pendant l'hiver.

J

Jet: rameau ou pousse de l'année.

L

Lettré (forme du): forme que les érudits confuciens (Bunjin) aimaient à peindre sur leurs parchemins.

M

Multiplication: propagation non sexuée d'un végétal (bouture, greffe).

O

Oeil: bourgeon terminal des arbres fruitiers.

P

Parer la coupe: faire une coupe nette du porte-greffe avec un greffoir.
Pétiole: queue rattachant la feuille à la tige.
Pincer: écraser un bourgeon ou le bout d'un jet entre ses doigts.
Plant: jeune végétal destiné à être replanté.
Pousse: jeune rameau.

R

Rameau: ramification d'une branche.
Ramule: jeune pousse de conifère.

S

Samare: graine ailée de l'érable.
Sauvageon: plant se développant dans la nature.

V

Vaporiser: mouiller en fines gouttelettes.

Fournisseurs spécialisés*

André Montagne
les Simards
26210 St Sorlins-en-Valloire

Serres de Toulven
M. Cornic, route de Benodet
29000 Quimper

Brun
rue de la Glacière
30660 Gallargues le Montueux

«L'arbre en pot» Blervaque A.
29, rue des Pharaons
31000 Toulouse
Tél.: (61) 258754

Carel
rue d'Antrain
35000 Rennes

Lize
3, rue Racine
44000 Nantes

Pépinières Bourquin-Soulès
1, route de Bours
65320 Bordères sur l'Échez

Blumstein
Blumstein
24, place des Halles
67000 Strasbourg
Tél.: (88) 204720

Blumen Oberst
20, rue die 22 Novembre
67000 Strasbourg

* Cette liste n'est pas exhaustive

Stienne Yves
Le Jardin Miniature
25, Fbg. de Saverne
67000 Strasbourg
Tél.: (88) 329818

Pivoine
18, Rue Tinenne
68000 Colmar

Etamine
1, rue Marechal Foch
68700 Cernay

Perraud et fils
21-22, place des Terreaux
69001 Lyon

Billat
5, rue Rabot
74000 Niort

Charlane
29, rue du Roi de Sicile
75004 Paris
Tél.: (1) 2726373

Despalles
76, B^{d} St Germain
75005 Paris
Tél.: (1) 3542898

A. F. Bisson
41, rue Dauphine
75006 Paris
Tél.: (1) 6338408

Thiébault
30, Place de la Madeleine
75008 Paris

Ève boutique
13, Quai de Grenelle
75015 Paris
Tél.: (1) 5787206

Arène plantes
4, rue Mesnil
75016 Paris
Tél.: (1) 7274828

P. Leconte
Les jardiniers de Villebois,
rue de Villebois
75017 Paris

Doan
187, avenue du Roule
92200 Neuilly-sur-Seine
Tél.: (1) 7477675

Rémy Samson
25, rue de Chateaubriand
92290 Chatenay-Malabry
Tél.: (1) 7029199

Dreyfus et fils
4, rue François Coppée
94520 Mandres les Roses

Suisse
Jean Amiguet
Rte. du Jorat
1052 Le Mont
Tél.: (021) 320483

Bonsai-Zentrum Schinznach
CH-5107 Schinznach-Dorf
Tél.: (56) 433131

Allemagne
Bonsai-Centrum Heidelberg
Mannheimer Straße 401
D-6900 Heidelberg
Tél.: (06221) 82019

Clubs internationaux de Bonsaï

Bonsai-Club
Verein europäischer Miniaturbaumfreunde e. V.,
Postfach 106209,
D-6900 Heidelberg 1, R.F.A.
Rédaction: Wolfgang Zimmer,
Weiherstr. 9, 6908 Wiesloch
Tel.: 06222/50518

Vlaamse Bonsai Vereniging
p.a. Eikstraat 60
B-9300 Aalst, Belgique

Nederlandse Bonsai-Vereniging
Piet Moeskopstraat 7
NL-2807 Am Gouda, Hollande

Schweizer Bonsai Liebhaberclub
Kapuzinerweg 8
CH-6006 Luzern, Suisse

Bonsai-Club de Genève
16, Grand-Montfleury
CH-1290 Versoix

Bonsai Club de Suisse Romande
CH-1052 Le Mont/Lausanne

Schweizer Bonsai-Club
Postfach
CH-5107 Schinznach-Dorf, Suisse

Associazione Italiana, Bonsai
Via Emilia Levante, 144
I-40139 Bologna, Italie

Iber Bonsai
Partida del Mar, 22
Alboraya/Valencia
Tel.: 3601349

Club Bonsai Cultura
Gerona, 81
Barcelona, Espagne

Federation of
British Bonsai Societies
84a, Stoke Lane
Westbury-ou-Trym
Bristol, BS 9, 3 SP

Bonsai Club Praha 2
Jasanova C 31
19100 Praha 9-Hrdlorezy, Tchécoslovaquie

Bonsai Club International
445 Blake St., Menlo Park
CA 94025 USA

American Bonsai Society
21st Hays Medical Building
Nashville, TN 37203 USA

California Bonsai Society
P.O. Box 78211
Los Angeles Cal. 90016 USA

Hawaii Bonsai Association
88 Militani st. Sinte 887 Kendall Bldg.
Honolulu, Hi. 96813

Brooklyn Botanic Garden
1000 Washington Avenue
Brooklyn, New York 11225, USA

Association Argentina de Bonsai
Quirno 644 A
Buenos Aires, Argentine

Bonsai Society of Australia
29 Beattie Avenue
Ryde 2112, Australie

Nippon Bonsai Association
3–42 Ueno-koen, Daito-ku
Tokio, Japon

Clubs français de Bonsaï

A.F.A.B.
25, rue de Chateaubriand
92290 Chatenay-Malabry
Tél.: (1) 735 84 01

Club parisien du bonsaï
29, rue du Roi de Sicile
75004 Paris
Tél.: (1) 272 63 73

Bonsaï Club
11, route de Juy
57160 Moulins St Pierre

Bonsaï Club de Provence
3, rue de l'Huveaune
13400 Aubagne

Alsace Bonsai Club
25, Fbg. de Saverne
67000 Strasbourg
Tél.: (88) 32 98 18

Sources photographiques

Je voudrais remercier ici le maître en bonsaï Koïchi Itakura de Tokio de sa précieuse collaboration ainsi que tous ceux qui ont bien voulu fournir les magnifiques illustrations

Kindai-Bonsai, Japon
Photos pp. 4, 16, 18, 19, 20, 21, 22, 23, 54, 55, 78, 95, 107, 121, 122, 124, 149 et photo de titre

Saburo Kato, Japon
Photos pp. 17, 32, 33, 113, 117, 125

Takeyama, Japon
Photos pp. 10, 28, 29, 112, 114, 120, 140

Pin Kewpaisal, Thaïlande
Photos pp. 159, 160, 173

David Fukumoto, Hawaï
Photos pp. 170, 174

Dr. Horace Clay, Hawaï
Photos pp. 7, 12, 13

BASF Ludwigshafen, Landwirtschaftliche Versuchsstation Limburger Hof
Photos pp. 150, 151, 152, 153, 153, 155, 156

Rolf et Gisela Kunitsch, Altheim
Photo p. 145

Hella Wolff-Seybold, Constance
Photo p. 99

Hans-Jürgen Fuchs, Stuttgart
Photo p. 167

Studio Orthen, Heidelberg
Photos pp. 50, 56, 73, 79, 104, 105, 108, 109, 118, 139, 143, 147, 148, 165

E. Grames, Cologne
Photos pp. 41, 42, 43, 201

Les photos pp. 14, 25, 26, 27, 30, 31, 34, 35, 44, 45, 47, 48, 49, 57, 75, 76, 77, 82, 83, 98, 110, 111, 115, 116, 126, 132, 133, 134, 137, 142, 157, 163, 164, 169, 171, 172, 175
ont été réalisées au Bonsai Centrum de Heidelberg par M. Josef Wiegand.

Tous les croquis proviennent du Studio C. Rieger de Heidelberg, à l'exception de ceux des pp. 190, 191, 192, 193 qui ont été dessinés par K. H. Kindel à Dobel.

Houx à feuilles serrées, ilex serrata.
Forme verticale libre – Moyôgi.
Taille 48 cm, âge env. 46 ans, dans sa belle parure d'automne.